어디에 있든
나는 나답게

■ **일러두기**
1. 본 책에서는 일제강점기 때 일본으로 건너가 살게 된 조선인과 그 자손을 '재일코리안'으로 표기했습니다. 즉 재일조선인, 재일한인, 재일동포, 재일한국인 등을 포괄하여 '재일코리안'으로 통일했습니다.
2. 외래어 표기는 국립국어원의 규정을 바탕으로 했으며, 규정에 없는 경우는 현지음에 가깝게 표기했습니다.

어디에
있든
나는
나답게

전 아사히신문 기자 나리카와 아야의
슬기로운 한국 생활

나리카와 아야 지음

생각의창

책머리에 ——

차이를 즐길 수 있는
서로이기를 바라며

    2017년 2월 한국 영화를 배우기 위해 한국 유학의 길에 올랐다. "뭐가 되고 싶어서? 감독? 아니면 설마 배우?" 이런 질문을 정말 수많이 받았다. 그런데 나는 그냥 한국 영화를 배우는 것 자체가 목적이었다. 좋아하는 한국 영화를 마음껏 보고 배우는 것, 그것뿐이었다. 아사히신문 기자로 9년간 달려온 나에게 내 스스로 내려주는 포상 휴가라고나 할까. 사실 일본 가족에겐 "1년만"이라고 약속하고 이곳, 한국에 왔다. 이렇게 긴 세월 한국에서 살게 될 줄은 나도 몰랐다.
    동국대학 영화영상학과 석사 과정에 입학하고, 오랜만에 학교생활을 만끽하고 있는데 모르는 번호로 전화가 걸려왔다.

그 당시 중앙일보에 근무하던 정현목 기자였다. 아사히신문 서울지국 선배 기자에게 술자리에서 "우리 회사를 그만두고 한국에 영화를 배우러 온 희한한 후배가 있다"는 이야기를 들었다며, "인터뷰하고 싶다"고 했다. "퇴사한 이후 별로 한 게 없어서 기삿거리가 안 될 텐데……"라고 했지만, 영화와 일본에 관심이 많다는 한국 기자와 이야기를 나눠보고 싶은 마음에 만나기로 했다. 시간 가는 줄도 모르고 즐겁게 대화를 나눴다. 그뿐이었다. 그런데 그 인터뷰 기사가 중앙일보에 크게 실렸다. 정말 신기했다. 아무튼 그 계기로 중앙일보에 칼럼을 쓰게 됐다.

처음엔 한국어로 칼럼을 쓰는 일이 너무 힘들었다. 대학생 때 2년 동안 한국에서 유학 생활을 했지만 신문에 칼럼을 쓸 정도의 한국어 수준은 아니었다. 정현목 기자의 도움 없이는 엄두도 못 냈을 일이다.

처음 시작한 칼럼 제목은 '나리카와 아야의 서울 산책'이었는데, 일본인의 시선으로 바라본 한국과 한국 사람에 대해 썼다. 한국도 그렇지만 일본도 한·일 관련 보도는 정치와 역사 문제가 주를 이루는데, 실제로 내가 경험한 것과는 다르다고 느낄 때가 많았다. 그래서 되도록 내가 직접 경험한, 그러니까 있는 그대로의 한국과 일본의 모습을 전하려고 노력했다.

재일코리안(자이니치)에 관한 이야기가 많은 건 동국대학 일본학연구소에서 재일코리안 연구 프로젝트에 참여하게 됐기 때문이다. 이 또한 유학 전엔 계획에 없던 일이었다. 일을 하다 보니 재미를 느끼게 됐고 아예 푹 빠져버렸다. 2019년 11월에는 연구소 주최로 '재일코리안 영화제'를 개최하기도 했다. 한·일 영화 관계자들을 초청해 직접 대담의 시간을 갖기도 했는데, 영화를 전공하는 내 입장에서는 무척 보람 있는 일이었다. 일본에 못 돌아가는 이유 중 하나기도 하다.

칼럼은 몇 달간 쉰 후 중앙SUNDAY에서 '전 아사히신문 기자의 일본 뚫어보기'라는 제목으로 연재를 다시 시작했다. 한국에 사는 일본인이 한국과 비교하며 일본을 깊이 꿰뚫어본다는 기획이었다.

일본에 있으면 잘 보이지 않는 것들이 한 발짝 떨어져서 보면 잘 보일 때가 있다. 특히 신종 코로나바이러스 감염증(코로나19)처럼 한국과 동시에 똑같은 위기에 처해졌을 때 그 차이를 확연히 느낄 수 있다. 조금이나마 양국 간의 이해의 폭이 깊어졌으면 하는 바람으로 칼럼을 쓰기 시작했지만, 아쉽게도 한·일 관계는 2018년 10월 징용 피해자에 관한 판결에 이어 2019년 7월 수출 규제 등을 계기로 더욱 나빠졌다.

특히 수출 규제 이후 일어난 일본 제품 불매 운동은 한국에 사는 일본인들에게 큰 영향을 끼쳤다. 일본인이 경영하는 인기 음식점이 폐업하는가 하면 공연이 취소된 일본인 가수도 있었고, 예정됐던 책 출판이 취소된 일본인 작가도 있었다. 나 또한 불매 대상이 되는 건 아닌가 걱정했지만, 주변의 따뜻한 응원으로 칼럼 연재도 계속하고 이렇게 책도 낼 수 있게 돼서 참 다행이라는 생각이다. 하지만 직업을 잃고 한국을 떠난 한국을 사랑하는 일본인들을 생각하면 참으로 마음이 아프다.

비자 문제 등 한국에 살면서 고생스럽고 불편한 일도 적지 않지만, 그때마다 도와주는 한국 사람들 덕분에 잘 지내올 수 있었다. 어쩌면 자국에서는 경험하지 못했던 '외국인'이라는 약자 신분이기에 더더욱 한국 사람들의 따뜻한 정을 실감하는지도 모르겠다. 종종 도와주는 친구들은 내게 "못하는 게 많은 것도 재주"라고 위안해주곤 한다.

특히 나의 한국 여동생 박수진 씨는 자나 깨나 잊을 수 없는 고마운 사람이다. 이 자리를 빌려 감사의 뜻을 표하고 싶다. 국내 영화제나 영화 촬영지를 같이 다니면서 집필도 함께하는 동료 프리랜서이자, 코로나19의 영향으로 일본에서 입국한 후 자가 격리를 할 때 직접 담근 김치를 보내줄 정도로 '엄마' 같은 동생이다. 이 책도 그녀가 첫 번째 독자가 돼 한국어를 다듬어줬다. "항상 고마워!"

살아가면서 내가 가장 큰 영향을 받은 사람은 바로 우리 엄마다. 초등학생 때 나에게 "아야는 차이를 즐길 줄 아는 사람이 됐으면 좋겠다"고 하던 엄마의 말이 지금도 기억난다. 한국과 일본은 비슷하면서도 참 많이 다른 나라다. 이 책을 선택한 독자 여러분도 그 차이를 즐기면서 읽어주기를 간절히 바란다.

첫 번째 추천의 글 ──

한국인보다 한국을 더 사랑하는
한 모험가의 고백

신수원_영화감독

 2010년 여름, 나의 첫 장편영화 〈레인보우〉가 〈앙: 단팥 인생 이야기〉의 가와세 나오미 감독의 초청으로 나라국제영화제에 가게 됐다. 그때 처음으로 나리카와 아야 씨를 만났다. 당시 아사히신문 기자였던 그녀는 한국말이 능숙해 내 작품의 통역을 맡았다.
 영화제 기간 동안 우리는 공식 일정이 끝나면 사슴들이 자유로이 거니는 나라의 한적한 길을 함께 걸었고, 저녁이면 사케를 마시며 많은 이야기를 나눴다. 당시만 해도 일본을 방문한 적이 거의 없었던 나였기에 일본인과 그렇게 많은 이야기를 나눈 것은 인생에서 처음 있는 일이었다.

그 후 몇 년이 흘러 우리는 서울의 한 식당에서 재회했다. 그때 아야 씨는 웃으며 아사히신문 기자를 그만두고 한국에 와서 영화 공부를 하기로 결심했다고 말했다. 그러면서 그것이 나 때문이라고 했다. 이유를 물어보니, 나라국제영화제에서 나의 자전적 이야기가 반영된 〈레인보우〉를 보고 자극을 받았다는 것이다. 나는 자세히 기억하지 못하고 있었지만, 나라국제영화제가 끝나고 나를 배웅하러 공항까지 나온 그녀에게 내가 "아야 씨도 언젠가 영화와 관련된 일을 하게 될 거야. 결국 사람은 하고 싶은 일을 하게 돼 있어"라고 말했다고 한다.

나 역시 교사로 근무하다가 영화를 하고 싶다는 이유만으로 학교를 그만둔 사람이었다. 아야 씨의 말을 듣자, 사표를 쓰고 나오던 날 텅 빈 운동장을 돌아보면서 속으로 "Don't look back!"이라고 외쳤던 그 순간이 문득 떠올랐다. 십여 년간 몸담았던 직장을 그만둔다는 건 상당히 두려운 일이었다. 두려움을 이겨내고 용기를 냈지만, '내가 과연 옳은 선택을 한 것일까?' 하는 불안감은 어쩔 수 없었다. 아사히신문 기자를 그만두겠다는 그녀의 말을 들으며, 미래에 대한 불안과 새로운 일에 도전하겠다는 의지를 함께 간직한 채 마지막 퇴근을 하던 그때의 기억이 생생하게 되살아났던 것이다. 게다가 실제로 나는 첫 장편영화 〈레인보우〉를 만들기 전까지 꽤나 오랜 기간 동안 무명과 백수라는 고된 생활을 견뎌야 했다.

그래서일까? 안정된 직장을 그만두고 한국에 와서 영화 공부를 하겠다는 아야 씨의 심정이 어떤 것인지 이해가 가면서도 그녀를 말리고 싶었다. 그때 나는 겉으로는 그녀를 격려했으나 속으로는 걱정을 하고 있었다. 그녀에게 "영화는 해도 연출은 하지 말라"고 했던 내 말은 그래서 나온 것이다.

그러나 내 걱정은 기우였다. 아야 씨는 이후 한국에 와서 공부하면서 프리랜서로 한국과 일본의 일간지에 영화와 양국의 문화에 관련된 글을 기고하기 시작했다. 그녀는 좋은 글들을 자주, 열심히 썼고, 여러 행사에 최선을 다해 참여했다. 정말 열심히 사는 친구구나, 하는 생각이 들었다.

내가 아는 아야 씨는 조용하고 차분한 성격의 소유자면서 속에 단단함을 가지고 있는 알찬 사람이다. 책을 출간하게 됐다며 원고를 건네받았을 때 나는 아야 씨를 생각하며 단숨에 읽었다. 역시 그녀가 쓴 글은 주인을 닮아 있었다.

한국에서 유학 생활을 하며, 또 프리랜서로 일하며 느낀 고충과 소소한 일상이 녹아든 글은 흥미진진하면서도 대단히 재미있었다. 한국 사람임에도 잘 알지 못하는 한국에 관한 이야기들 앞에선 부끄러움을 느끼기도 했다.

윤동주 시인이 다녔던 일본의 도시샤대학에 시인을 기리는 시비가 있고 '민족을 넘어 사람들의 마음을 울린 윤동주를 추모한다'는 글이 써 있다는 것과, 그의 기일마다 많은 일본 팬들과 재일코리안들이 함께 추모를 한다는 글은 특히나 인상적이었다. 아울러 일본에 살면서 한국 국적을 포기하지 않고 살아가는 재일코리안에 관한 글을 읽을 때는 마음이 아프기도 했다.

이 책은 한국인보다 한국을 더 사랑하는 한 일본인의 열정 넘치고 재미있는 고백담이다. 그리고 그 고백은 나리카와 아야라는 사람이 도전을 두려워하지 않는 모험가기 때문에 완성된 것이라고 생각한다.

'어떻게 하면 내가 나를 잘 편집할 수 있을까'라는 글 속에서 했던 말처럼 나는 나리카와 아야, 이 모험가가 자신의 인생을 잘 편집해서 계속 그 이야기를 들려주길 바란다. 그 모험의 길에 내가 함께할 수 있어 영광이다.

두 번째 추천의 글 ──

내 좋은 친구의
미래를 응원합니다

정현목_기자

나리카와 아야 씨를 처음 만난 것은 그녀를 인터뷰하기 위해 나간 한 카페에서였다. 처음 만난 자리에서 그녀는 커피를 쏟았는데 "제가 좀 이래요"라며 환하게 웃었다. 너무나 자연스럽고 유창한 한국어에 깜짝 놀라며 깊은 인상을 받았다. 그러나 나를 놀라게 한 것은 아야 씨의 유창한 한국어뿐만이 아니었다. 회를 거듭해 만날수록 나는 한국 영화에 대한 아야 씨의 폭넓은 이해와 애정에 매번 놀랐다. 그러면서 아야 씨의 애정 대상이 한국 영화에 국한된 것이 아니라 한국이라는 나라 그 자체라는 것을 깨닫게 됐다.

아야 씨는 한국에서 활동하며 나에게 많은 도움을 받았다고 말한다. 하지만 더 큰 도움을 받은 것은 오히려 내 쪽이다. 나는 아야 씨와의 허심탄회한 대화를 통해 일본의 문화와 일본이라는 나라의 실체를 이해하는 데 한 발짝 더 다가갈 수 있었다. 또한 그녀의 눈에 비친 한국 사회의 모습을 통해 지금 우리가 껴안고 있는 문제들을 좀 더 객관적으로 바라볼 수 있게 됐다. 그런 논의와 고민의 결과물은 중앙일보의 〈한남韓男일녀日女 수다〉라는 대화형 온라인콘텐츠에 고스란히 실려 좋은 평가를 받기도 했다.

아야 씨는 우리가 일반적으로 품기 쉬운 '일본 사람'이라는 선입견을 깨게 하는 사람이다. 그녀는 막걸리와 해장국을 즐겨 먹고, 일산호수공원 산책을 좋아하는 소탈한 '한국 생활자'다. 어딘가 도도하고 벽이 있을 것 같다는 지레짐작이 무색하게 다정하고 다감하다. 그러나 그런 면모만 가지고 있는 게 아니다. 그녀는 아사히신문 기자 출신답게 사회 현상의 배경을 꿰뚫어보는 예리한 통찰력을 가졌을 뿐만 아니라 그것을 한국어와 일본어, 두 언어로 수려하게 풀어낼 줄 아는 '글쟁이'기도 하다.

이 책에는 그런 생활인이자 저널리스트로서 한국 사회를 조망하는 아야 씨의 따뜻하고 인간적인 시선이 페이지 곳곳에 담겨 있다. 독자들은 그녀의 애정 어린 관찰자적인 시선에 고개를 끄덕이며 동감하게 될 것이다.

얼어붙은 한·일 관계와 해결의 실마리가 보이지 않는 과거사 문제 등으로 한국에서 생활하는 일본인들의 입지가 그 어느 때보다 좁아지고 있다. 또 양국 국민 간의 마음의 거리 또한 전에 없을 정도로 멀어지고 있다. 그러나 이럴 때일수록 아야 씨 같은 존재가 더욱 절실히 필요하다고 생각한다. 양국의 '가교'가 되려는 그녀의 진정성 있는 노력을 잘 알기 때문이다.

거창하게 이야기했지만, 내가 진짜 하고 싶은 이야기는 아야 씨가 나의 친구라는 것이다. 친구는 친구일 뿐이다. '친구' 앞에 굳이 '일본인'이라는 수식은 필요 없다는 이야기다. 내 좋은 친구, 아야 씨의 노력이 더욱 값진 평가를 받는 날을 기대한다.

차례

- 005 **책머리에** 차이를 즐길 수 있는 서로이기를 바라며
- 010 **첫 번째 추천의 글** 한국인보다 한국을 더 사랑하는 한 모험가의 고백
- 014 **두 번째 추천의 글** 내 좋은 친구의 미래를 응원합니다

1부
떡볶이를 먹으며

- 023 '자이니치' 그리고 일제강점기 영화
- 027 너무 빨리 잊는 한국, 계속 되새기는 일본
- 031 영화 〈군함도〉를 보고 알게 된 강제징용의 참상
- 036 아름다운 풍경에 감춰진 제주의 아픔
- 040 차에 전화번호 남기는 한국, 명함에도 개인 연락처 안 적는 일본
- 044 인연이란 결국 기적이다
- 049 일본에서 태어나고 자란 한국 사람으로 산다는 것
- 053 진실은 승리한다는 사실 알려준 '현대의 기적'을 그린 영화
- 057 낯선 이와도 함께하는 한국의 나눠 먹는 문화
- 062 머릿속 지우개, 치매란 무엇일까
- 066 한국이나 일본이나 지역 따라 달라요
- 070 일본에서도 인기 절정인 윤동주 〈서시〉의 매력
- 074 영화 〈1987〉의 한국이 마냥 부러운 이유
- 078 딱 며칠만 며느리로 받아줄 한국 사람을 찾습니다
- 082 수호랑과 반다비를 아시나요?
- 087 따뜻한 우동 한 그릇의 행복을 찾아서
- 091 자극적인 한국 영화, 잔잔한 일본 영화
- 095 밴드 '곱창전골'의 한국 데뷔 20년
- 100 그림 같은 미래도시 '송도', 그 풍경 속 불안함
- 105 마법 같은 한국의 스펙 사회

110　누구를 위한 불매 운동일까
115　일본 사람은 나비 배지를 달면 안 되나
120　외모지상주의의 나라, 한국에서 살다 보니
125　동국대학에서의 재일코리안 영화제
129　'제멋대로 한국홍보과' 활동을 시작하며
134　가까운 나라끼리 더 가까워지기를
139　한자를 바라보는 한국과 일본의 시선 차이

2부

스시를 먹으며

147　아이돌의 차이에서 보는 한국과 일본
154　한국의 지방에서 일본이 보이네
161　한·중·일 연결되는 군산은 '경계인' 윤동주와 닮았다
166　한류의 붐, 〈겨울연가〉에서 〈기생충〉으로
172　만나지 못한 연인, 윤동주와 이바라기
180　변화를 좋아하지 않는 일본, 그래서 금수저도 전통이 되고
187　위기는 기회, 자연을 디자인하라
195　일본의 현재를 알 수 있는 소설 《한자와 나오키》
202　영화 〈주전장〉이 말하고 싶은 것
210　〈고독한 미식가〉를 통해 본 한국과 일본의 음식 문화
218　닮은 듯 다른 매력, 일본에서 시동 건 한국 소설
225　기록영화 〈도쿄재판〉 그리고 일본의 전쟁 책임
233　어떻게 하면 내가 나를 잘 편집할 수 있을까
241　아직도 진행 중인 재일코리안 차별
248　한국과는 전혀 다른 일본의 미투 운동
255　일본에서의 K팝 열풍을 보는 또 다른 시선
262　'손타쿠'의 유행과 표현의 부자유
271　시국에 따라 변하지 않는 개인과 개인의 관계
279　그날의 아픔, 영화로 치유하다

1부

떡볶이를 먹으며

'자이니치'
그리고 일제강점기 영화

    이준익 감독의 영화 〈박열〉에는 내가 주목하는 배우가 나온다. 이준익 감독의 전작 〈동주〉에도 나온 김인우 씨다.

    김인우 씨가 내 눈에 들어온 건 일단 일본어가 완벽했기 때문이다. 그는 〈동주〉에서 시인 윤동주를 취조하는 일본인 형사 역을 맡았다. 한국에서 일제강점기를 다룬 영화가 끊임없이 개봉되고 있지만 항상 아쉽게 느껴지는 건 일본인 역할을 하는 배우들의 일본어였다. 영화의 다른 부분이 아무리 좋아도 배우의 일본어가 어색하면 몰입하기가 어렵다. 영화를 보면서 일본어도 완벽하고 연기도 잘하는 김인우 씨가 도대체 어떤 사람인지 궁금했다. 알고 보니 그는 '자이니치'였다. 자이니치는 재일在日의 일본식 발음이다. 일본에서 자이니치는 일제강점기 때 일본으로 건너온 조선인이나 그 자손들을 가리킨다. 김인우 씨는 자신을 '재일동포 3세'라고 소개한다.

나는 한국의 동국대학 대학원에서 영화를 공부하는 유학생이지만 한국에 오기 전까지 일본 아사히신문 문화부 기자로 일했다. 기자로 일하던 2016년 2월 〈동주〉를 본 뒤 김인우 씨를 인터뷰하는 게 퇴사 전 목표가 됐다. 2016년 가을 '기적적'으로 한국에 출장 올 일이 생겼고, 김인우 씨를 만날 수 있었다. 그 인터뷰 기사가 아사히신문 기자로서 쓴 마지막 기사가 됐다.

김인우 씨 같은 자이니치, 그러니까 재일코리안들은 한국에 유학을 가든지 민족학교에 다니든지 해서 한국어를 배우지 않는 한 한국어를 구사하지 못하는 경우가 많다. 한국어를 못하는 재일코리안 대부분이 한국에 와서 "한국 사람인데 왜 우리말을 못하느냐"는 핀잔을 들을 때면 상처를 받는다고 한다. 김인우 씨 또한 마찬가지였다. 일본에서는 차별 대우를 받고, 조국이라 생각했던 한국에서도 무시당하면 정말 속상할 것 같다.

도쿄에서 배우로 활동하던 김인우 씨는 아주 힘들 때 한국 영화 〈집으로〉를 보고 한국 영화에 매료됐다고 한다. 〈집으로〉

는 어릴 때 어머니를 잃은 그에게 모성애를 느끼게 해준 영화였다. 그는 "내게 사랑을 준 첫 영화"라고 표현했다. 그는 한국 영화에 출연하겠다는 목표를 세우고, 2008년 한국으로 건너왔다. 한국어학당부터 등록한 그는 한국 사람인데 한국어를 못하는 게 억울해 매일매일 밤늦게까지 한국어 공부만 했다고 한다. 엄청난 노력 끝에 〈암살〉, 〈아가씨〉, 〈덕혜옹주〉 등 20여 편의 영화에서 일본인 역으로 출연했고, 무대 인사도 유창한 한국어로 할 정도가 됐다.

〈동주〉에서 인상적인 김인우 씨의 연기는 윤동주를 취조하며 말없이 눈물을 흘리던 장면에서 나온다. 일본인 형사가 윤동주로 인해 마음이 흔들리는 장면이다. "자이니치로 태어났기에 어릴 때부터 일제강점기에 대해 생각하지 않을 수 없었습니다. 그래서 더 깊은 연기가 나왔는지도 모릅니다." 인터뷰에서 그가 했던 말이다.

김인우 씨는 〈박열〉에서 더 나쁜 역할을 맡았다. 간토 대지진 때 조선인 학살을 유도하고 이를 은폐하려 한 내무대신 미즈노 렌타로 역이다. 그가 이렇게까지 나쁜 일본인 역을 할 수 있는 건 재일코리안이기 때문일 것이다. 일본인 배우가 일제강점기를 비판적으로 그리는 한국 영화에 출연하기란 쉽지 않다.

영화 〈박열〉에는 김인우 씨 외에도 일본어 네이티브 배우가 10여 명 출연하는데, 그 덕분에 몰입도가 더욱 높아졌다고 생각한다. 이들 대부분이 도쿄의 극단 '신주쿠양산박' 멤버다. 영화에서 박열에게 대역죄로 사형을 선고하는 재판장 역을 연기한 김수진 씨가 극단 대표다. 그 또한 재일코리안이며, 유명한 무대 연출가다. 김 대표도 박열이 법정에서 조선인 학살에 대해 호소하는 장면에서 복잡한 내면 연기를 보여줬다. 얼마 전 만난 이준익 감독은 "그런 표정이 나온 건 김 대표가 재일코리안이기 때문일 것"이라고 했다.

한국 영화 팬으로서 '자이니치'라는 일본어 네이티브 배우들의 활약 덕분에 작품의 완성도가 높아지는 게 무척 기쁘다. 한국 영화 출연이 그들로서도 보람 있는 일일 것이다. 그들의 활약을 계기로 재일코리안에 대한 한국 사회의 관심과 이해가 더욱 깊어지길 기대한다.

너무 빨리 잊는 한국, 계속 되새기는 일본

　전 세계적으로 한국만큼 열정적인 나라도 드물다. 내가 세 번이나 한국에 유학 온 이유이기도 하다. 한국은 일본이 흉내 낼 수 없는 자극적인 매력이 있다. 그런데 그 열정이 신기할 정도로 금방 식어버리고 잊히는 게 너무 아쉽다. 국민성이라고 해야 하나, 아무튼 그렇다.

　몇 년 전 일본에서 근무했던 신문사의 선배 기자가 '한국 IMF 경제 위기 발생 20주년' 기획 기사를 준비한다며 도와달라고 했다. 당시 직장에서 해고당하거나 취직이 취소되는 등 인생에 큰 영향을 받은 사람을 찾고 있는데 그게 잘 안 된다는 것이었다.

그런 사람은 얼마든지 있을 텐데 왜 그렇게 못 찾는지 처음엔 이해가 되지 않았다. 그러다가 일을 도와주면서 그 이유를 알게 됐다. 20년이라는 세월이 한국에서는 너무도 오래된 시간이었던 것이다. 취재를 시도한 사람들은 그렇게 큰일을 겪었지만 마치 아주 오래된 옛날이야기라도 되는 양 무심했다. 대부분 "자세한 건 잘 기억이 나지 않는다"고 말했다. 심지어 "20년이나 지났는데 왜 우리나라도 아닌 일본에서 그런 기사를 쓰지?" 하며 도리어 신기해하는 사람도 있었다.

일본은 조금 다르다. 2011년 동일본 대지진은 물론 1995년 고베 대지진도 매년 그 시기가 오면 당시를 되돌아본다. 그리고 희생자 유족들이 어떻게 살고 있는지, 재발 방지 대책은 잘 세우고 있는지 등의 여러 보도를 한다. 10주년이나 20주년 때는 더욱 비중을 두고 보도를 한다. 잊지 않기 위해서다.

선배가 '한국 IMF 경제 위기 발생 20주년'을 취재한다고 들었을 때 제일 먼저 떠오른 건 2002년 한국에 처음 유학 왔을 때 만난 친구였다. 난 당시 IMF 위기가 어떤 건지 잘 알지 못했지만 그 친구는 아버지의 공장이 망하고 어머니는 집을 나가는 등 힘든 일을 겪었다고 했다. 그때 어렵게 살면서도 어떻게든 꿈을 이루려고 노력하는 친구의 모습을 보며 나도 많은 자극을 받았었다.

선배에게는 IMF 위기 때 은행원이었다가 해고당한 사람을 찾아 소개했다. 처음 인터뷰 요청을 했을 땐 "해고당했다고 해서 억울하지도 않았고 오히려 다른 일도 많이 경험하게 돼 좋았다"며 별것 아닌 것처럼 이야기했다. 그런데 인터뷰가 시작되고 이런저런 이야기를 하다 보니 그때의 고생담이 봇물 터지듯 나오기 시작했다. 그는 당시 은행의 대출 담당자였기 때문에 사업이 망하게 된 중소기업 사장들이 찾아와 하소연을 했다고 한다. "내가 어떻게 할 수 없는 걸 뻔히 알면서도 하소연할 수밖에 없었던 사장들 심정도 잘 알고 있었습니다. 그러다가 우리 은행이 퇴출 은행으로 지정돼 다른 은행에 인수되면서 해고당했습니다. 나보다 훨씬 심각한 상황에 빠진 사람들을 많이 봤기에 내가 해고당한 것 정도는 아무것도 아니었습니다." 직접적인 이유는 아닐지 몰라도 그가 부인과 헤어진 것도 해고와 무관하지 않은 듯했다.

　인터뷰는 하지 않았지만 다른 몇 명에게도 IMF 위기 때의 경험을 들을 수 있었다. 아버지가 대우그룹 직원이었다는 사람은 그룹이 해체되면서 그때까지 회사에서 지급받았던 대학 등록금이 끊겨 스스로 벌어야 했고 취업은 생각조차 못 했다고 한다. 결국 20대에 사업을 시작할 수밖에 없었던 그는 "다행히 사업은 성공했지만 그때의 사회 상황은 암울하기 그지 없었다"고 말했다. 또 다른 사람은 1997년 취업하자마자 해고당해 예정됐던 결혼도 연기하고 외국에 나가 돈을 벌었다고 한다. 지금은 언론계에서 활약하고 있는 사람이다.

어쨌든 몇몇 사람의 경험을 통해 짧은 기간에 아픔을 이겨낸 한국인의 저력을 실감할 수 있었다.

일본에서 아픈 기억을 되새기며 끊임없이 보도하는 데는 이유가 있다. 그 아픔을 다시는 되풀이하지 말자는 각오다. 지진 자체는 자연재해라 막을 순 없지만 어떻게 대비하고 대처해야 할지 연구하고 공유하며 앞으로의 희생을 줄이자는 것이다.

한국도 그랬으면 좋겠다. 가슴 아픈 기억이지만 20여 년 전 일어난 경제 위기를 다시 돌아보면 앞으로 잊지 말아야 할 교훈을 얻을 수 있을 것이다. 그리고 그 교훈이 쌓이면 언제 재발할지 모를 다음 경제 위기를 슬기롭게 극복할 수 있지 않을까.

영화 〈군함도〉를 보고 알게 된 강제징용의 참상

영화 〈군함도〉에 대한 한국과 일본의 반응은 상반됐다. 일본에서는 개봉조차 하지 않은 상태에서 한정된 정보와 예고편에 대한 반응 때문에 오해가 많았다. 특히 예고편에서 옛 일본군을 상징하는 '욱일기'를 반으로 찢는 장면이 나와, 강한 '반일' 이미지를 준 것 같았다. 영화에선 그렇게 비중이 있는 장면도 아니었는데 말이다.

반대로 한국에선 일본의 만행을 더 부각시킨 영화를 기대했다가 오히려 조선인끼리의 배신이 비중 있게 그려져 불만을 느낀 관객도 많은 듯했다. 최근 몇 년 새 일제강점기를 그린 한국 영화가 많이 나왔지만 영화 〈군함도〉처럼 일본에서 반응이 컸던 적은 없었다. 세계문화유산으로 등재된 군함도를 무대로 한 영화라 그런 것 같았다.

한국에서는 군함도의 강제징용 역사를 일본이 제대로 밝히지 않은 채 근대화의 상징이라고 홍보하는 것에 대한 반감이 크다. 2015년 세계문화유산으로 등재될 때 한국이 반대했던 것을 기억하는 일본 사람이 많다. 영화를 보기도 전에 거부감부터 생겼던 이유다. 나는 일본이 군함도의 강제징용 역사를 밝힌다고 해서 문화유산의 가치가 떨어진다고는 생각하지 않는다. 계속 숨기려고 하니 이미지가 더 나빠지는 것이다. 한국의 어떤 지인은 "한국에서 일제강점기를 그린 영화가 계속 나오는 건 자꾸 숨기려고 하는 일본의 태도 때문"이라고 했다. 이해가 가는 말이다.

나는 영화를 본 후 군함도에 갔다. 군함도는 1974년 폐광되면서 무인도가 됐다. 영화에 나오는 집단 탈출은 픽션이지만, 열악한 환경의 탄광 노동을 못 견디고 개인적으로 탈출한 사람들은 실제로도 있었다. 물론 거친 파도에 휩쓸려 탈출에 성공하지 못하고 익사한 사람들이 대부분이었지만.

군함도를 투어하는 배가 섬 가까이 도달해도 파도 때문에 상륙할 수 없을 때가 많다고 한다. 하지만 내가 갔을 때는 다행히 섬에 오를 수 있었다.

도착하면 먼저 동굴처럼 생긴 작은 터널을 지나간다. 징용자들이 지옥에 끌려가는 처참한 심정으로 이곳을 지나갔을 거란 생각이 들자 마음이 무거웠다. 당시 징용자들은 섬에 도착하자마자 지나가는 이곳을 '지옥문'이라 불렀다고 한다. 투어가이드로부터 들은 설명이 아니라 내가 사서 읽었던 책에 나온 내용이다. 투어가이드는 섬의 역사에 대한 부정적인 이야기는 하지 않는다. 그 책을 읽으면 영화 〈군함도〉가 픽션이라 해도 기록에 근거한 사실적 이미지가 많다는 것을 알 수 있다.

군함도에서 직접 본 곳 중 가장 인상적이었던 건 해저탄광으로 내려가는 입구에서 이어지는 계단이다. 징용자들은 15단의 계단을 올라가서 지하 1000미터의 탄광으로 내려갔다고 한다. 10미터만 내려가도 무서울 것 같은데 징용자들은 매일매일 어떤 심정으로 그 계단을 올라 탄광으로 향했을까. 투어가이드는 광부들이 탄광에서 일한 시간이 8시간이라고 했지만, 책에서는 전쟁 당시 광부들의 노동 시간은 12시간이었다고 한다. 식량도 부족한 상황에서 위험한 일을 그렇게 오래 하면 영화에 나오는 것처럼 사고도 많이 발생했을 것이다.

내가 본 책은 하야시 에이다이 선생이 쓴 《사진기록 지쿠호·군함도 写真記録 筑豊·軍艦島》라는 책이다. 이 책을 통해 전쟁 당시 얼마나 많은 조선인이 군함도뿐만 아니라 지쿠호 등의 일본 탄광에서 일했는지 알 수 있었다. 책 속에는 아직 소년에 불과한 어린 노동자들의 사진도 있었다.

　류승완 감독은 "군함도의 이미지를 처음 보고 그 안에서 벌어질 법한 이야기들이 나를 자극했다"고 말했다. 류 감독이 처음 영화 〈군함도〉를 만들려고 생각한 계기였다. 그런데 차츰 영화를 만들어가면서 군함도의 역사를 알려야겠다고 생각하게 된 것이다. 원래 액션을 잘 그리는 감독인데 실제로 없었던 집단 탈출을 영화로 그렸다고 해서 '왜곡'이라 비판하는 건 부당하다고 생각한다. 역사를 다루는 영화가 기록대로만 그려져야 한다면 영화로 만들 의미가 없다.

　영화 〈군함도〉 덕분에 강제징용에 대해 다시 생각하게 됐다. 한국을 공부하고 영화를 공부하는 내 입장에서는 아주 의미 있는 일이었다.

아름다운 풍경에 감춰진 제주의 아픔

한국에 유학 오면 하고 싶은 일이 몇 가지 있었다. 그중 하나가 '지방에서 열리는 영화제 참가하기'였다. 2017년 3월부터 한국 생활을 시작한 나는 전주·부천·부산 등에서 열리는 영화제를 빼놓지 않고 찾아다닌다. 그러면서 그 지방의 맛있는 음식도 먹고 국내외 영화인들과 교류도 하며 정말 꿈같은 시간을 보내고 있다.

이런 지방 영화제들의 제일 큰 매력은 뭐니 뭐니 해도 일반 극장에서 보기 힘든 영화들을 만날 수 있다는 것이다. 제13회 제천국제음악영화제에서 본 〈백년의 노래〉라는 영화도 내게는 아주 특별했다. 이 영화는 인디뮤지션 '단편선'이 제주도에 가서 어느 할머니의 이야기를 들으며 노래를 만드는 과정을 그린 다큐멘터리다. 그러나 나에게는 이 영화의 주인공이 단편선이 아니라 할머니인 듯 느껴졌다.

할머니 이야기의 핵심은 '제주 4·3 사건'에 관한 것이었다. 이데올로기와 아무 상관없는 한 여성이 누가 누굴 죽이는지도 모르는 혼란 속에서 남편과 자식을 잃었다. 심지어 혼인신고도 못한 채 가족을 잃는 바람에 아무 보상도 받지 못했다. 음악영화제인 만큼 상영 후 단편선이 무대에 나와 직접 노래를 들려줬는데, 할머니의 한이 담긴 노래를 들으며 아름다운 제주의 풍경 속에 숨겨진 아픔을 생각했다.

이상목 감독은 이 영화를 만든 이유를 "잊혀져 가는 제주의 역사를, 노래를 통해 전하고 싶었다"고 설명했다. 이 감독은 서울 출신이지만 2010년 제주로 이주해 음악영화를 만들며 살고 있다. 그러다 어느 관객으로부터 "제주로 이주하는 아티스트들에 대해 어떻게 생각하느냐"는 질문을 받게 됐고, 그게 이 영화를 만드는 계기가 됐다. 제주에 살다 보니 동네 어른들에게 자주 "4·3 때 저 밭에서 얼마나 많은 사람이 죽었는지 몰라" 같은 이야기를 들을 수밖에 없었다고 한다. 최근 들어 젊은 아티스트들이 이주해 오면서 제주의 아름다움이 부각되고 있지만, 한편으로는 여전히 과거의 아픔을 안고 사는 사람들이 많은 것도 제주의 현실이다.

한때 TV 프로그램 〈효리네 민박〉이 인기였다. 가수 이효리도 제주로 이주한 대표적인 아티스트 중 한 명이다. 자연 속 그녀의 여유로운 생활을 보고 있으면 '나도 저렇게 낭만적으로 살고 싶다'는 생각이 들지만 동시에 마음 한구석이 불편해지곤 했다. 아마도 내가 알고 있던 제주와 너무 달라서였을 것이다.

내 고향 오사카에는 재일코리안이 많이 산다. 특히 제주 출신자와 그 자손이 많다. 일제강점기 이후 제주 4·3 사건 때문에 건너온 사람들도 있다. 내가 그 사실을 알게 된 건 영화 〈지슬〉 때문이다. 제주 4·3 사건에 관한 영화로, '지슬'은 제주 사투리로 '감자'라는 뜻이다.

2014년 〈지슬〉이 오사카에서 개봉하기 전 제주 4·3 사건 관계자들을 취재한 적이 있다. 그중 한 사람이 김시종 시인이다. 단편선의 다큐멘터리 〈백년의 노래〉에 등장하는 할머니와 달리 김 시인은 사건의 당사자였다. 남로당 예비 당원으로 활동했다가 학살당할까 봐 일본으로 피신했다고 한다. 자신을 숨겨주었다가 살해당한 친척, 목숨 걸고 밀항을 도와준 부모님……. 김 시인은 이야기하는 내내 눈물을 흘렸다. 죄책감의 무게 때문에 오래도록 제주 4·3 사건에 관해 침묵했던 그가 자세한 내용을 이야기하기 시작한 건 최근 몇 년 사이다. 내가 취재했을 당시 그는 자서전을 쓰고 있었다. 한국에서는 《조선과 일본에 살다》라는 제목으로 출판됐다. 대부분이 제주 4·3 사건에 관한 생생한 증언이다.

"왜 지금에서야 모든 걸 밝히는지" 물어봤다. 김시종 시인은 자신의 증언으로 인해 행여나 피해를 볼 만한 사람들은 이제 다 세상을 떠났고, 예전에는 밀입국 사실이 밝혀져 일본에서 쫓겨날까 봐 두려웠는데 이제 그런 걱정은 하지 않기 때문에 모든 걸 말할 수 있다고 했다. 설령 쫓겨난다 해도 남은 인생을 제주에서 산다면 그것도 나쁘지 않다며 웃었다.

제주 여행을 계획하고 있었다. 처음엔 일본에서 남편과 시부모님이 오면 신나게 관광만을 즐길 생각이었다. 그런데 일정에 제주 4·3 사건 기념지를 더해 좀 엄숙한 제주 돌아보기로 수정했다. 왠지 그래야만 할 것 같았다.

차에 전화번호 남기는 한국,
명함에도 개인 연락처 안 적는 일본

최근에 이사를 했다. 여기저기 집을 알아보는 과정에서 한국과 일본의 문화 차이를 새삼 느꼈다. 그중 하나가 아직 사람이 살고 있는 집에 들어가서 구석구석을 살펴볼 수 있다는 점이다. 일본에서도 이사를 여러 번 했지만 한 번도 없던 일이다. 일본에서는 집이 비어 있으면 들어가서 볼 수 있지만, 아직 사람이 살고 있는 경우에는 실내 사진이나 그림만 보고 결정해야 한다. 내가 임대주택에서만 살아서일까. 일본에 있는 친구들에게 물어보니 매매할 때는 사람이 거주 중인 상태로 집을 보기도 하는데, 미리 날짜와 시간을 정해야 한다고 한다.

내가 정말 놀란 건 두 가지다. 첫 번째는 한국의 부동산 중

개인들은 대부분 일정에 대한 문의 전화를 방문 직전에 한다는 점이다. 그렇게 허락을 받고 방문했을 때 집 안 사람들이 밥을 먹고 있거나 파자마 같은 옷을 입고 있을 때가 많았다. 일본에서는 가족이 아니라면 절대 안 보여줄 만한 상황이다. 두 번째로 더욱 놀란 건 부재중에도 남의 집에 들어가는 경우다. 물론 허가를 받고 들어가는 거지만 일본 사람들은 집에 모르는 사람이 들어오는 것에 강한 거부감이 있어 부재중 방문을 허락하는 사람은 거의 없다.

이 외에도 한국과 일본은 프라이버시에 관한 의식이 많이 다른 것 같다. 휴대전화 번호는 일본에선 쉽게 남에게 알려주지 않는 개인 정보다. 명함에 휴대전화 번호가 없는 사람도 많다. 회사 전화나 메일로 연락을 주고받는 것이 보통이다. 회사보다 밖에 있는 시간이 많은 신문기자들은 대부분 휴대전화 번호를 명함에 적지만 그것도 회사에서 대여 받은 휴대전화 번호다.

한국에서 영화 관계자들을 만났을 때 누가 먼저랄 것도 없이 서로의 휴대전화 번호를 주고받는 모습을 봤다. 일본에서 문화부 기자를 하면서 감독과 배우를 여럿 만났지만 거의 없던 모습이었다. 나는 당연히 한국에서도 번호를 물어보는 것 자체가 실례인 줄 알고 홍보 담당자나 매니저 선에서만 번호를 교환했는데, 정작 급하게 취재해야 할 때 관계자와 연락이 안 돼 고생한 적도 있다.

차에 휴대전화 번호를 붙여놓는 습관도 나를 당황하게 했다. 전혀 모르는 사람들한테 개인 휴대전화 번호를 공개하다니 일본에서는 있을 수 없는 일이었다. 하지만 한국 친구들이 그렇게 하는 게 매너라고 해서 나도 차를 산 후에는 똑같이 휴대전화 번호를 붙여놓을 수밖에 없었다. 실제로 전혀 모르는 사람들이 전화를 걸어 "차를 좀 옮겨 달라"고 할 때가 종종 있다. 이 역시 일본에서는 생각하기 힘든 시스템이다.

그런데 생각해보면 일본보다 한국이 훨씬 사람과 사람 사이의 거리가 가까운 것 같다. 일본은 아주 가까운 사이가 아니면 일정 정도의 거리를 지키려고 한다. 프라이버시에 관한 것도, 몸과 몸의 거리도 그렇다. 일본은 웬만하면 악수조차 아낀다. 가족이나 애인이 아니면 신체 접촉이 거의 없다.

요즘 같아서는 금방 친해지고 시원하게 오픈하는 한국식이 편하고 좋다. 일본 사람이라는 이유로 나를 기분 나쁘게 대하는 한국 사람도 없다. 오히려 더 관심을 갖고 잘해주는 경우가 많다. 그런데 한 번도 한국에 와본 적 없는 일본 사람 중에는 한국 사람이 무섭다고 생각하는 사람이 적지 않다. 일본에서 한국에 관한 보도는 역사와 정치 이슈가 많기 때문에 한국 사람은 무조건 일본 사람을 싫어할 거라고 생각하는 것이다.

  2017년 여름 시아버지가 처음으로 한국에 놀러 왔다가 한국에 대한 이미지가 완전히 바뀐 모양이다. 가는 곳마다 일본에서 왔다고 하면 서비스를 더 해주거나 친절하게 대해줬다며 좋아했다. 먹어 본 적 없던 음식들도 입에 잘 맞아 또 오고 싶다고 한다. 백문이 불여일견이라 했다. 역시 직접 경험해봐야 알 수 있다.

  방학 때 일본에 못 갈 정도로 일본 친구들이 한국을 많이 찾았다. 한국 친구들은 "아예 여행사를 차려라", "돈도 안 되는 일에 시간 쓰는 게 아깝다"며 농담하지만, 내가 있어 조금이라도 한국 문화에 친숙해질 수 있다면 보람 있는 일이라고 생각한다.

인연이란
결국 기적이다

　조선인 강제징용 등을 취재하고 기록해온 일본인 작가 하야시 에이다이 선생이 83세 나이로 타계했다. 내가 하야시 선생의 책을 열심히 읽기 시작한 것은 얼마 되지 않았다. "영화 〈군함도〉에 대해 글을 쓸 거면 우선 이 책부터 읽어야 해"라며 선배 기자가 추천해준 책 《사진기록 지쿠호·군함도》를 통해서다. 하야시 선생의 열정이 페이지마다 고스란히 전해지는 책이다.

　EBS국제다큐영화제에서 하야시 선생의 다큐멘터리 영화 〈기록 작가 하야시 에이다이의 저항〉이 상영됐다. 관객과의 질의응답 시간에 참석한 니시지마 신지 감독은 일본 정부가 과거의 잘못을 숨기려는 자세를 지적하면서 "무엇이 일어났는지 한국과 일본이 공유함으로써 양국 관계도 좋아질 것"이라고 말했다.

바로 그 '공유해야 하는 기록'을 하야시 선생이 남겨준 것이다. 계기는 아버지였다고 한다. 전쟁 때 탄광에서 도망 온 조선인들에게 밥을 제공하고 다친 데가 있으면 치료도 해주던 일 때문에 선생의 아버지는 경찰에 끌려가 고문을 당한 뒤 사망했다고 한다. 어린 시절에 겪은 불합리한 일을 기점으로 선생은 평생 일본의 가해 책임을 추궁했다.

하야시 선생의 다큐멘터리 영화 속에서 제일 인상에 남았던 장면은 암에 걸려 힘이 안 들어가는 손에 펜을 잡고 테이프로 고정시키며 집필하던 모습이었다. 옆에 있던 선배 기자는 "이런 모습을 보면 '오늘 좀 피곤한데 내일 써야지' 하는 말은 쉽게 못하지"라며 숙연해졌다. 하야시 선생처럼 살기는 어렵지만 나도 내 입장에서 할 수 있는 일을 해야겠다고 다짐하게 한 영화였다.

나는 영화를 통해 한국과 일본의 가교 역할을 하려고 한다. 현재 한국에서 영화를 배우고 있는 이유다.

외할아버지가 영화관을 운영했다. 그 영화관은 내가 어렸을 때 이미 아파트로 변했지만, 그래도 '영화관 집 딸'이었던 엄마와 함께 자주 영화를 보러 다녔다. 그때 좋은 영화를 많이 봤다. 하지만 그땐 좋아하기만 할 뿐 영화 관련 일을 하겠다는 생각은 없었다. 2002년 한국에 어학연수를 온 다음부터 한국 영화에 푹 빠져버렸고, 급기야 지금은 영화를 공부하며 영화 관련 일을 하고 있다.

2008년 아사히신문에 입사했다. 입사 후 2년간은 사건 담당 기자로 영화를 볼 시간은커녕 잘 시간도 모자랄 정도로 바빴다. 문화 담당 기자가 된 2010년 '나라국제영화제'가 시작됐다. 취재 겸 한·일 통역 자원봉사를 맡았다.

상영 작품 중 신수원 감독의 첫 장편 〈레인보우〉라는 영화가 있었다. 〈레인보우〉는 학교 교사직을 그만두고 영화계에 뛰어든 한 여성이 시나리오를 못 쓰고 고생하는 내용으로 감독 본인의 실제 이야기다. 영화가 너무 재미있기도 했고, 통역을 하면서 신 감독과 개인적으로 많은 이야기를 나누다 보니 내가 영화를 좋아했다는 사실을 오랜만에 다시 깨닫게 됐다. 공항까지 배웅했는데 신 감독이 나한테 "언젠가 영화 관련 일을 할 것 같다. 결국은 하고 싶은 일을 하게 돼 있다"는 말을 해줬다. 그해 영화제 심사위원장이었던 정수완 선생이 내가 지금 다니고 있는 동국대학 대학원의 지도 교수다.

부산국제영화제에 일본 담당 스태프로 참가한 적이 있다.

영화제 기자회견에 가서 개막작이 신수원 감독의 신작 〈유리정원〉이라는 발표에 깜짝 놀랐다. 처음 만났을 때 거의 무명이었던 신 감독이 그 후 베를린과 칸에 초청받으면서 주목받고 있다는 사실은 알고 있었지만, 이건 그야말로 인연이라고 느껴졌다.

최근 한 한국 친구에게 들은 말이 있다. "인연이란 결국 기적이다." 어떤 형태든 영화를 통해 한국과 일본의 가교 역할을 하는 데 인생을 걸고 싶다. 꼭 그렇게 되라고 그러는지 기적 같은 일이 한국에 온 뒤 자꾸 일어난다.

"권력에 버림받은 이들,
잊혀진 이들의 모습을
기록하는 것이
나의 사명이다"
하야시 에이다이

일본에서 태어나고 자란 한국 사람으로 산다는 것

한국은 내게 소중한 인연을 자꾸 선물한다. 그중 하나가 동국대학 일본학연구소와의 만남이다. 1979년 창립된 곳인데 최근 몇 년은 특히 '재일코리안'에 관한 연구에 힘쓰고 있다. 연구소와 나의 인연은 도쿄의 한 고깃집에서 시작됐다.

도쿄에서 근무할 때 자주 다녔던 고깃집이 있었는데, 그 집 주인과 친해져서 갈 때마다 긴 대화를 나눴다. 처음 간 건 재일코리안 시인 김시종 선생의 '오사라기 지로상' 수상식 뒤풀이 때였다. 오사라기 지로상은 아사히신문이 주최하는 문학상이다. 김 시인은 그해 출간된 자서전《조선과 일본에 살다》로 이 상을 수상했다. 김 시인이 직접 경험한 제주 4·3 사건이 주

내용이다.

알고 보니 고깃집 주인도 재일코리안으로 제주 4·3 사건 행사 등 도쿄에서 열리는 재일코리안 문화 후원을 많이 해온 사람이었다. 그 사실을 알고 찾아오는 기자도 많았다. 주인은 취재에 협조는 하되 자신의 이름은 기사에 안 나오도록 조건을 건다고 했다. "장사에 지장이 있을 수도 있다"는 게 이유였다. 한국 이름에, 한국어까지 잘하지만 드러내놓고 재일코리안 문화 활동을 지원한다는 걸 알리고 싶어 하지 않았다.

당시 나는 연극·뮤지컬 담당 기자였는데 이야기 도중 고깃집 주인의 아들이 내가 일본에서 제일 연기를 잘한다고 생각하는 연극배우라는 사실을 알게 됐다. 그 후 아들도 몇 번 인터뷰했다. 재일코리안은 사회적인 차별 때문에 취직이 어려운 시절이 길었다. 이 때문에 고깃집이나 파친코 같은 장사를 하거나, 실력으로 인정받는 운동선수나 연예인이 되는 경우가 많았다. 물론 대부분 일본 이름으로 활동한다. 하지만 주인 아들은 한국 이름으로 활동하고 있다. 유명해지기 시작하면서 소속사에서 일본 이름으로 바꾸자고 제안했지만 아들은 거절했다고 한다.

한국 관련 작품에 나오는 것도 아닌데 주인 아들은 왜 굳이 한국 이름으로 활동하는 걸까? 그는 나와의 첫 인터뷰 후 "기사를 쓸 때 이름 한자 위에 적는 발음을 히라가나로 써 달라" 고 부탁했다. 일본에선 일본 이름이면 한자 위에 히라가나로 쓰고, 외국 이름이면 가타카나로 쓴다. 그는 이렇게 자신의 정체성을 표현하는 것 같았다. '일본에서 태어나고 자란 한국 사람'이라는 재일코리안의 정체성 말이다. 고깃집 주인과 그 아들을 통해 재일코리안 관련 문화에 더욱 관심을 갖게 됐다.

도쿄를 떠나기 전 인사를 하러 갔을 때 고깃집 주인은 "왜 좋은 직장을 그만두는지 이해가 안 간다"면서도 "서울에 가면 이 사람에게 연락하라"며 전화번호를 알려줬다. 그 사람이 바로 동국대학 일본학연구소 김환기 소장이다.

김환기 소장은 재일코리안 문학을 연구하면서 고깃집 주인과 자주 만나는 사이였는데, 나와 처음 만나는 자리에서 생각지도 못한 제안을 했다. 일본학연구소에서 재일코리안에 관한 연구 프로젝트를 계획 중인데 연구보조원으로 참여하지 않겠냐는 것이었다. 6년 동안 정치·경제, 사회·교육, 예술·체육 등 분야별로 연구하는 프로젝트였는데, 나는 영화와 연극 관련 부분을 맡기로 했다.

고깃집 주인은 연구 관련은 전혀 모른 채 그저 알고 지내라는 뜻으로 소개했을 텐데 결과적으로 이 프로젝트에 맞춰 내가 서울에 온 것처럼 됐다. 생각해보니 기자로 일하면서 관심

있게 취재해온 분야기도 했다. 또 일본어와 한국어를 모두 할 수 있는 내 역할이 도움이 될 것 같았다. 더구나 특별한 인연이 만들어준 소중한 기회라고 생각하니 열심히 해야겠다는 사명감이 솟았다. 기회가 된다면 연구뿐만 아니라 배우나 감독을 초청해 심포지엄도 열어보고 싶다는 생각도 했다.

언젠가 고깃집 주인의 아들도 초대해 일본에서 재일코리안 배우로서 활동하며 겪는 이야기를 한국 사람들과 공유하고 싶다. 그들이 지켜온 한국 이름을 한국에도 소개할 수 있다면 좋겠다.

진실은 승리한다는 사실 알려준 '현대의 기적'을 그린 영화

제22회 부산국제영화제에서 몇몇 일본 감독들의 통역을 맡았다. 영화 상영 후 관객과의 질의응답이나 영화제 공식 인터뷰를 진행하는 일이었다. 신문사도 그만두고 해서 마음 편하게 좋아하는 영화를 실컷 보러 다니고 싶었는데, 일본 영화가 많아 결국 영화제 운영을 돕기로 했던 것이다. 어쨌든 이 기회를 통해 새로운 경험을 많이 했다.

제일 신경 썼던 작품은 하라 가즈오 감독의 다큐멘터리 〈센난 석면 피해 배상 소송〉이었다. 하라 감독은 〈가자 가자 신군〉, 〈극사적極私的 에로스〉 등으로 알려진 거장이다. 더구나 이번 작품은 러닝 타임이 215분이나 되는 대작이라 질의응답도 1시간 넘게 진행됐다. 하라 감독의 과거 작품들을 보고 석면 피해에 관한 각종 글을 찾아 읽으며 20시간 넘게 통역 준비를 했다. 영화제 스태프들이 눈에 안 보이는 곳에서 많은 노력을 하고 있다는 사실을 직접 경험한 셈이다.

석면은 폐암이나 악성 중피종 같은 치명적인 병을 일으키는 위험 물질이다. 센난은 오사카 남쪽의 석면 공장이 밀집해 있던 지역이다. 일본 정부는 그 위험성을 알면서도 경제 발전을 우선으로 생각해 규제를 완화했다. 2006년 센난 피해자들이 정부를 상대로 소송을 제기했고, 2014년 최고재판소가 처음으로 정부의 책임을 인정했다. 하라 감독은 그 과정을 10년 이상 좇으며 현장을 기록했다. 센난 피해자, 즉 소송의 원고들은 이 지역 특유의 기질 때문인지 피해자면서도 얼굴 표정이 밝았다. 변호사들과 함께 그 과정 자체를 즐기는 것처럼 보일 정도였다. 하지만 영화가 진행되는 동안 밝은 얼굴로 출연했던 원고들은 잇따라 병을 앓다 죽어갔다.

상영 당일 극장엔 한국과 일본의 석면 피해자들이 많이 모였다. 영화 상영 후 한국인 한 명이 "일본에서 규제가 강화되면서 석면 공장이 한국으로 건너와 똑같은 피해를 줬다는 사실이 영화에선 안 나왔다"고 지적했다. 하라 감독은 "이미 한국에서도 석면 공장은 규제가 강화되면서 사라진 상태라 찍을 것이 없었다"고 답했다. 이어 감독이 "또 다른 나라로 건너 갔다고 들었다"고 말하자 그 한국인은 "인도네시아로 건너갔다"고 답했다.

  나는 통역을 하면서도 믿을 수가 없었다. 위험성을 뻔히 알면서 다른 나라로 가져가다니, 말이 안 되는 소리였다. 일본이나 한국 모두 자기 나라만 아니면 다른 나라에선 피해를 입어도 상관없다는 것으로 들렸다. 정부만 비판할 게 아니라는 생각도 들었다. 민간 기업이나 나 같은 일반 사람도 같이 생각해야 할 문제인 것 같았다. 영화를 넘어 국제적인 석면 피해에 대해 의논하는 밀도 있는 시간이었다.

  석면 공장과 한국의 관련은 이뿐만이 아니었다. 센난 석면 공장 노동자 중에는 재일코리안도 있었다. 이번에는 한 재일코리안 여성이 하라 감독과 함께 부산을 찾았다. 영화 상영 후 인사를 하며 "일본에선 한국 국적을 숨기고 살아왔는데 석면 피해자들의 한·일 교류를 통해 한국에 올 기회가 생겼다. 이 기회로 조금씩 조국에 대한 애착을 느끼기 시작했다"고 말했다. 하라 감독이 영화에서 재일코리안 노동자가 많았다고 강조한 이유는 경제적 약자를 언급하기 위해서인 것 같았다. 한국 국적으로는 취직이 어려웠던 시기, 석면 공장에서만큼은 재일코리안들도 일할 수 있었다고 한다. 일본 노동자들도 시골에서 오사카로 일하러 온 사람들이거나 혼자 자식을 키워야 하는 여성들처럼 경제적으로 취약한 사람들이 대부분이었다.

심각한 문제를 다룬 영화였는데 보고 난 후의 기분은 이상하게 무겁지 않았다. 하라 감독의 말처럼 "현대의 기적"을 그린 영화라 그런 것 같았다. 여기에서의 기적은 원고 측 변호사들의 열정적인 모습을 말한다. 1심에서 이겼지만 2심에서 지고 원고들과 함께 우는 모습이 너무나 순수해 보였고, 마지막 3심에서 다시 승소한 순간은 어느 극영화보다 감동적이었다.

생각할 거리도 고민할 점도 많은 영화였다. 그래도 진실은 승리한다는 사실을 보며, 매일 어두운 뉴스가 넘치는 세상에서 오랜만에 상쾌한 빛을 본 느낌이었다.

낯선 이와도 함께하는
한국의 나눠 먹는 문화

종종 한국의 어떤 점을 좋아하느냐는 질문을 많이 받는다. 여러 가지가 있지만 그중 하나가 '나눠 먹는 문화'다. 그리고 그중에서도 여러 사람이 모여 함께 김치를 담그고 나누는 김장 문화를 참 좋아한다.

음식을 먹을 때 혼자 먹지 않고 되도록 누군가와 같이 먹으려고 하는 것도 내가 좋아하는 한국의 좋은 문화다. 고속버스를 탔을 때 옆에 앉은 아주머니가 갑자기 자신이 먹으려던 삶은 달걀과 귤을 나눠준 적이 있다. 일본에선 모르는 사람에게 음식을 받은 적이 한 번도 없는데 한국에선 너무나 당연하듯 주고받는 게 신기했다. 한국 친구한테 이 상황을 이야기하자

"혼자 먹는 게 더 이상하다"고 말했다.

가족과 떨어져 사는 유학생인 내가 외롭게 혼자 밥을 먹을까 봐 걱정해주는 사람이 많다. 그러면서 집에서 만든 반찬이라며 가져다주거나 외식할 때마다 불러준다. 그럴 때면 배뿐만 아니라 마음까지 가득 채워져 따뜻해지는 느낌이다. 일본에서도 일 때문에 가족과 떨어져 살았지만 내가 밥을 잘 먹는지 걱정해주는 사람은 엄마뿐이었다. 일본 사람은 대부분 집에서나 밖에서나 혼자 먹는 것에 익숙하다.

음식을 나누다 보면 자연스레 대화를 주고받게 된다. 내가 일본에 있을 때보다 한국에서 더 말을 많이 하게 되는 이유도 나눠 먹는 문화 때문인 것 같다. 최근에 그것을 실감한 일이 있었다.

얼마 전 서울에서 열린 학생포럼 때의 일이다. 한국과 일본의 신문사나 방송국에 취업하고 싶은, 혹은 이미 취업이 정해진 대학생들이 모여 4박 5일 동안 합숙하면서 그들만의 취재를 해보는 행사였다. 나는 학생들이 취재하고 기사를 쓰는 것을 돕는 역할로 참가했다.

일본에서 온 학생 중에는 일본 유학 중인 중국 학생들도 있었다. 덕분에 의도치 않게 한·중·일 3개국 학생이 모이게 됐고, 처음엔 어색해하던 그들도 4박 5일을 함께 지내면서 점점 가까워졌다.

 마지막 일정으로 자신이 찍은 사진 중 한 장만 골라 그 사진에 대해 이야기하는 시간을 가졌다. 몇몇 학생들이 비슷한 사진을 골랐다. 밤늦게 호텔 방에 여러 학생이 모여 술과 안주를 먹으며 토론하는 모습의 사진이었다.

 일본 학생들은 평소 정치와 역사에 관한 이야기를 거의 하지 않는 경향이 있다. 이 때문에 처음으로 같은 세대의 외국 학생들과 토론한 것 자체가 신선한 경험이었을 것이다. "한·중 학생 대부분이 일본 정치 상황이나 역사에 대해 잘 아는데 난 너무 모른다"고 부끄러워하는 일본 학생도 있었다.

 토론 내용을 물어보니 "일본 정부는 어떻게 사죄를 해야 하는가"였다. 위안부 할머니들이 사는 '나눔의 집'을 방문했을 때 학생들의 취재에 응한 할머니가 "일본 정부가 진심으로 사죄하는 것을 원한다"고 호소했던 것이다.

 나눔의 집 방문 전날 밤 일본 여학생 두 명이 내 방에 찾아왔고, '어떻게 질문하면 할머니에게 상처를 주지 않으면서 이야기를 들을 수 있을지' 같이 고민했다. 사실 할머니는 몸 상태가 좋지 않아 만나는 것도 힘들 수 있다고 했다. 열심히 준비하는 학생들에게 "이야기를 들을 수 없어도 너무 실망하지 말라"고 말해줬는데, 뜻밖에 할머니가 "질문하기 전에 내 이야기를 먼저 들어라" 하더니 몇십 분 동안 자신의 피해 경험에 대해 이야기했다. 흐름이 끊길까 봐 녹음해서 나중에 번역하기로 하고 그 자리에선 한국어로만 들었는데, 일본 학생들은 못 알아들으면서도 우는 학생이 많았다. 표정이나 어조만으로도 느껴지는 게 많았던 모양이다. 아마도 할머니를 위해 자신들이 무엇을 할 수 있을까 생각하게 됐을 것이다.

일본 학생 대부분이 "일본에서 위안부 문제는 정치 문제로 보도됐고, 남의 일처럼 생각했었다"고 말했다. 아마도 그들은 피해국인 한·중 학생들과 같이 먹고 자고 토론하면서 절대 남의 일이 아님을 느꼈을 것이다.

함께 나눠 먹으며 낯선 이들과도 대화를 나누는 한국의 문화가 처음 본 학생들 간의 입과 귀, 그리고 마음까지 열리게 한 것이라는 생각이 들었다.

머릿속 지우개,
치매란 무엇일까

 술에 취할 때마다 똑같은 영화를 보는 친구가 있다. 그 친구가 보는 영화는 다름 아닌 정우성·손예진 주연의 아름답고 슬픈 영화 〈내 머리 속의 지우개〉다. 한류 붐이 한창이던 때 일본에서도 히트를 친 영화다. 그 친구는 영화 전반부는 대사를 다 외울 정도로 많이 봤지만 후반이 시작되면 영화를 바로 꺼버린다고 했다. 아내(손예진)가 점점 기억을 잃어가면서 남편(정우성)조차 잊어버리는 모습이 가슴 아파서 못 보겠다는 게 이유였다.

 영화 속 주인공이 앓았던 알츠하이머병은 이제 흔히 듣는 병명이 됐다. 이 영화가 개봉된 2004년 일본에서는 '치매'라는 말 대신 '인지증認知症'이라는 새로운 용어를 쓰기 시작했다. 일본어 '치매痴呆'는 '바보'라는 뜻을 상기시키는 차별적인 뉘앙스가 있다. 이 때문에 본인이나 가족이 병을 숨기려고 한다는 게 용어를 바꾸게 된 이유다. 고령화로 인해 치매 환자가 늘어나면서 편견을 없애자는 움직임이 시작된 것이다. 일본 후생노동상은 2012년 462만 명이었던 인지증 환자가 2025년엔 700만 명에 달할 것으로 예측하고 있다.

우리는 보통 치매라고 부르지만 병의 종류와 증상은 다양하다. 그중 제일 환자가 많은 건 알츠하이머병이다. 우리 할머니도 알츠하이머병 환자다. 언젠가 한국 친구에게 이 사실을 이야기하자 "다른 데서는 말하지 말라"고 했다. 한국에선 아직 일본에 비해 환자 수가 적어서 그런지 편견이 있는 모양이다.

할머니는 삼사 년 전부터 내 이름은 물론 내가 당신의 손녀라는 것도 잊어버렸다. 신기한 것은 거의 모든 종류의 채소를 싫어했는데 그 기억도 없어졌는지 이제는 잘 드신다. 아무튼 할머니의 이야기를 내가 숨겨야 할 이유는 없다. 영화처럼 아름답지는 않지만 내게 할머니의 치매는 '인간의 기억이란 무엇인가' 하는 근본적인 생각을 하게 해줬기 때문이다.

일본의 신문사에서 근무할 때 치매에 대해 1년 동안 취재한 적이 있다. 일본에서 치매가 사회적으로 크게 화제가 됐던

2014년의 일이다. 치매 환자가 선로에 뛰어들어 달리는 열차에 치여 사망한 사건이 화제의 계기가 됐다. 철도회사는 사고로 인해 발생한 대체 운행 비용과 인건비로 720만 엔의 손해배상을 사망자 가족에게 요구하는 재판을 제기했다. 환자가 선로에 들어가지 않게 가족이 조심했어야 한다는 것이었다. 1, 2심에서 법원이 철도회사의 주장을 받아들여 가족의 배상 책임을 인정하자 사회적으로 큰 파장이 일어났다. 가족에게 너무 혹독한 판결이라는 비판이 쏟아진 것이다. 최고재판소는 1, 2심의 판단을 뒤집고 가족에게 배상 책임이 없다고 판결했다.

이 재판이 화제가 되면서 치매 환자가 행방불명되는 경우가 많다는 사실도 이슈화됐다. 2016년 경찰서에 신고된 행방불명 치매 환자 수는 1만 5432명이었다. 치매 환자가 사고로 사망했는데 신원 확인이 안 되는 경우도 많을 것으로 추측된다. 환자 가족들을 만나 보니 조금만 방심해도 집을 나가버리는 환자를 찾아다니느라 고생이 이만저만이 아니었다. 끝내 찾지 못하거나 돌아오지 않는 경우 그 죄책감은 이루 말할 수 없다고 했다. 취재를 하는 동안 이런 사연을 울면서 털어놓는 환자 가족들이 참 많았다.

행방불명의 심각한 상황이 보도되자 전국에서 지역 단위로 대책을 강구하자는 움직임이 일어났다. 일부 지역에선 어느 집에 환자가 있는지 파악하고, 환자가 없어지면 인상착의 등을 방송해 동네 사람들이 같이 찾아다니는 시스템을 고안하기도 했다.

  최근 한국에서 '귓불에 주름이 있으면 없는 사람보다 치매 위험이 높다'는 보도를 봤다. 치매 가능성이 궁금한 것도 충분히 이해가 되고, 이런 연구가 치매 예방의 기회로 이어진다면 더할 나위 없다는 것도 안다. 하지만 이보다 중요한 건 사회 전체가 치매 환자와 그 가족을 어떻게 지원할지 대책을 수립하는 것이 아닐까 싶다. 그리고 치매에 대한 편견을 없애고 지식과 정보를 함께 공유하는 것도 중요하다는 생각이 든다.

  고령화 속도가 빠른 한국에서도 앞으로 치매 환자가 급격히 늘어날 것이다. 이때 세계에서 가장 빨리 초고령 사회에 진입한 일본의 사례를 참고하면 좋을 것 같다. 젊은 세대도 자신의 미래를 준비하는 생각으로 함께 고민해야 할 문제다.

한국이나 일본이나
지역 따라 달라요

'일본 사람'이라고 해도 다 같진 않다. 지방마다 성향이 많이 다르다는 이야기다. 전근이 많은 신문기자로서 나라·도야마·오사카·도쿄에서 지내면서 느꼈던 생각이다. 예를 들어 도야마 사람들은 상당히 부지런하다. 일도 열심히 하고, 젊었을 때부터 저축해서 집을 마련하는 알뜰한 사람들이 많다.

일본은 남북으로 긴 지형이라 기후나 음식도 다양하다. 그만큼 사람들의 성향도 다양하다. 그런데 딱 한 번 일본을 다녀온 한국인들에겐 그곳이 어디든 거기서 만난 사람이 '일본 사람'의 인상으로 남는 것 같다.

일본에 여행을 다녀온 친구가 "일본 사람들은 질서를 잘 지키는 줄 알았는데 의외로 빨간불에 길을 건너는 사람이 많더라"고 했을 때, 혹시 오사카냐고 물었더니 그렇다고 했다. 내 경험상 빨간불에 눈치껏 길을 건너는 사람은 오사카에 많다. '눈치껏'이라는 말은 한국에서 운전을 하면서 많이 듣게 된 말이다. '비보호' 표시가 있을 때 '좌회전은 눈치껏 하면 된다'는 식이다. 일본에는 비보호라는 표시도 없고, 빨간불에 우회전은 눈치껏 해도 된다는 룰도 없다. 모두 신호등 색깔대로 움직여야 한다. 오사카 사람이 비교적 한국 사람이랑 비슷한 점이 많다고 하는 건 이런 점이다. 질서를 잘 안 지킨다는 게 아니라 틀에 박힌 행동보다는 상황에 따라 행동하는 경향이 있다는 뜻이다.

일본 방송국 프로듀서한테 들은 이야기다. 길거리에서 TV 촬영을 할 때 도쿄 사람들은 대부분 촬영 팀을 '못 본 척' 조용히 지나가기 때문에 촬영이 편하다고 한다. 오사카에선 "뭘 찍냐?", "언제 방송하냐?" 등 말을 거는 사람이 많아 촬영이 힘들다고 한다. 반대로 길거리에서 의견을 물어보는 프로그램을 촬영할 때는 갑자기 마이크를 들이대도 적극적으로 대답해주는 오사카 사람들이 오히려 좋다고 한다. 실제로 오사카 사람들은 말을 많이 하는 편이다. 그래서 개그맨 중에는 오사카 출신이 많다.

일본 유학 경험이 있거나 일 때문에 몇 년 일본에 살았다는 한국 사람들의 이야기를 듣다 보면 "일본인 친구를 사귀기 어려웠다"고 하는 경우가 많다. 대부분 도쿄에서 살았던 경우다. 오사카 출신인 나도 도쿄에서는 다른 지방보다 친구 사귀기가 어렵다고 느꼈다. 겉으로는 친절해 보여도 넘기 힘든 '벽'이 존재하는 것 같았다. 정확한 이유는 모르지만 사람이 너무 많고, 하나같이 바쁜 환경 속에 있기 때문에 그런 게 아닐까 싶다.

최근 도쿄에 살았던 한국 친구가 그때의 경험을 토대로 소설을 썼다고 보여줬다. 읽으면서 내가 도쿄에서 느꼈던 '소외감'이 생각났다. 친구는 외국인인 만큼 나보다 훨씬 큰 소외감을 느꼈을 것이다. 일례로 월세방을 계약할 때 부동산 중개인이 보증인을 요구하는데 꼭 '일본 사람'이어야 했다는 것이다. 친구는 미국계 회사에 다녔고, 일본인 친구도 없어서 보증인이 돼줄 만한 일본 사람이 없었다. 이때 부동산 중개인의 아버지가 선뜻 보증인이 돼줬다고 한다. 그는 일본에 귀화한 대만인으로 "나도 옛날에 비슷한 고생을 했다"며 도와준 것이다. 친구는 4년을 도쿄에서 지내다 결국 자신이 있을 곳은 한국이라고 판단하고 귀국했다. 나는 "일본 사람도 다양하다. 다른 지방에 갔으면 또 다른 느낌이었을지 모른다"고 위로했지만 아마 직접 경험해보지 않으면 모를 것이다.

  내가 지금 다니는 대학원에는 한국의 여러 지방에서 온 학생들이 많다. 이야기해보면 한국도 지방마다 참 많이 다른 것 같다. 한국에서 얼마나 오래 살진 모르겠지만, 사는 동안 아직 모르는 한국의 여러 지방을 두루두루 찾아가보고 싶다.

일본에서도 인기 절정인
윤동주 〈서시〉의 매력

 2017년은 시인 윤동주 탄생 100주년의 해였다. 그의 생일인 12월 30일에 맞춰 중국 옌볜조선족자치주에 있는 명동촌을 방문했다. 이곳은 시인의 고향으로 생가와 묘소가 있는 곳이다.
 중국에 가는 건 그때가 처음이었다. 중국어를 전혀 못 하는 나는 공항에서 입국 심사를 받을 때부터 불안했다. 의사소통이 잘 안 됐기 때문이다. 옌볜까지 버스를 타고 5시간을 가는 동안 '조금이라도 중국어 공부를 하고 올 걸……' 하고 후회했다. 그런데 옌볜의 중심인 연길 시내에 들어서면서부터 한글로 표기된 간판들이 눈에 들어왔다. 갑자기 마음이 편안해지

면서 언어가 심리적으로 주는 영향이 얼마나 큰지 실감했다.

　윤동주 시인은 일본에 가장 많이 알려진 한국 시인이다. 팬도 많다. 나도 그중 한 사람인데, 그에 대해 깊이 알게 된 것은 교토 도시샤대학에 있는 시비詩碑를 알고부터다. 윤동주 시인은 도시샤대학 재학 중이던 1943년 치안유지법 위반 혐의로 체포됐다. 그가 후쿠오카 형무소에서 옥사한 지 50년이 되던 해인 1995년 도시샤대학 재일코리안 졸업생들이 중심이 돼 시비를 건립했다고 들었다. 몇 년 전 이 시비를 찾아오는 한국 여행객들이 많다는 소식을 듣고 가봤더니, 실제로 10대나 20대로 보이는 젊은 여행객들이 잇따라 찾아와 꽃이나 편지를 바치고 가는 모습을 볼 수 있었다.

　교토의 숨겨진 명소를 소개하는 기획 기사를 담당했던 나는 2015년 2월 윤동주 시인의 70주기에 맞춰 그 시비를 소개한 적이 있다. 취재를 하면서 한국뿐만 아니라 일본에도 윤동주 시인의 열정적인 팬들이 많다는 사실을 알게 됐다. 도시샤대학은 물론이고 그 전에 시인이 다녔던 도쿄 릿교대학이나 옥사한 후쿠오카에서도 매년 기일에 가까운 2월 중순이면 추모 행사가 열리는데 많은 사람들이 모인다. 또 탄생 100주년인 2017년 10월에는 윤동주 시인이 도시샤대학 친구들과 같이 소풍을 갔던 우지천 가까이에도 새로 시비가 세워졌다. 그의 마지막 사진이 촬영된 그곳에 시비를 세우기 위해 일본 팬들이 모금을 했다고 한다.

이처럼 일본인들이 윤동주 시인에게 마음을 뺏긴 첫 번째 이유는 작품의 매력에 있지만, 그의 비극적인 인생도 큰 몫을 했으리라 생각한다. 일본에서 윤동주 시인이 널리 알려진 계기는 유명 시인 이바라기 노리코가 자신의 에세이에 윤동주 시인의 작품과 그의 인생에 대해 쓰면서다. 그 에세이가 고등학교 교과서에 실리면서 더욱 많은 사람들에게 알려졌다. 도시샤대학의 시비와 마찬가지로 그 에세이에 등장하는 시도 윤동주 시인의 대표작인 〈서시〉다.

물론 일본어로 번역돼 있는데 둘 다 '모든 죽어가는 것을 사랑해야지' 부분이 '모든 살아 있는 것을 사랑해야지'라는 뜻으로 쓰여 있다. 번역자는 나름대로 근거를 갖고 번역한 것이라고 하지만, 일본 내에서도 잘못된 번역이라는 지적이 많다. 나는 시비를 다루는 기사를 쓰면서 이 번역을 그대로 게재하면 안 될 것 같아 원어의 뜻을 같이 전달했다. 내가 이해하기로는 '모든 죽어가는 것' 중 하나가 '조선어'였을 거란 생각 때문이었다.

조선인이지만 조선어를 마음대로 쓸 수 없었던 시대, 윤동주 시인은 위험을 무릅쓰고 끝까지 조선어로 시를 쓴 사람이었다. 그것이 젊은 나이에 죽게 된 이유가 되기도 했기에 일본 독자들도 정확한 뜻을 알아야 한다고 생각했다. '우리말'을 빼앗긴 적 없는 일본 사람들은 그 아픔을 쉽게 이해하지 못한다. 그러나 나는 그것을 윤동주 시인에게서 배웠고, 보다 많은 사람과 공유하고 싶은 마음에 관련 이야기를 여러 번 글로 쓴 바 있다.

  나는 윤동주 시인의 묘소 앞에서 한 약속을 아직도 잊지 않고 있다. 앞으로도 시인의 정신을 잘 기억하고 내게 주어진 길을 걸어가겠다고 한 약속이다.

영화 〈1987〉의 한국이 마냥 부러운 이유

영화 〈1987〉을 보고 일본도 이렇게 뜨거웠던 시절이 있었나 생각해봤다. 아마도 60년대 전후가 일본에서 시민운동이 가장 활발했던 시기였을 것이다. 내가 태어나기 전의 일이라 부모님에게 이야기를 듣거나 책과 다큐멘터리를 보고 아는 정도지만, 미·일 안전보장조약에 반대하는 안보 투쟁이나 베트남전쟁에 반대하는 반전 시위 등 평화를 위한 운동이 많았다. 하지만 한국에서 대통령 직선제를 쟁취한 1987년 6월처럼 눈부신 성과는 일본에서는 없었던 것 같다. 나는 70년대 이후 일본에서의 시민운동은 그 열정을 잃었다고 생각했다.

그런데 방학을 이용해 일본에 돌아가 만난 두 사람을 통해 그렇지 않을 수도 있다는 생각을 하게 됐다.

한 사람은 '무궁화회むくげの会'의 히다 유이치 씨다. 무궁화회는 1971년 결성된 시민 모임인데 남북한과 재일코리안 관련 연구를 해왔다. 히다 씨는 그 창설 멤버다. 그를 만난 건 내가 다니는 동국대학 일본학연구소와의 연구 협조를 부탁하기 위해서였다. 무궁화회가 열리는 장소이자 히다 씨가 관장으로 있는 고베 학생청년센터는 내가 다니던 고베대학 근처에 있었다. 한국에 관심이 많았던 나는 무궁화회에 몇 번 간 적도 있었다. 무궁화회는 한 달에 두 번 모임을 열었고 게스트를 초청해 강연할 때도 많았다. 멤버는 10명 정도로 소규모였지만 유명 인사들도 강사로 초청될 정도로 영향력이 있었다.

가깝게 지내면서도 무궁화회가 어떻게 시작됐는지는 이번 인터뷰에서 처음 알았다. 창설 당시 히다 씨는 베트남전쟁에 반대하는 시민운동가였다. 그 활동을 통해 전쟁이나 인권에 대해 생각하게 돼 재일코리안 문제에 눈을 돌리게 됐던 것이다. 차별이 심한 시절이었다. 무궁화회는 그 차별 해소를 목표로 재일코리안을 포함한 남북한 관련 연구를 하는 모임으로 시작됐다. 멤버는 대부분 일본 사람이다. 남북 어느 쪽에도 기울지 않은 모임이지만, 간첩으로 의심받거나 '빨갱이' 소리를 듣는 등 여러 편견에 시달려야 했다. 그런데도 히다 씨는 "즐거웠다"고 말한다. "나에게는 무궁화회가 청춘 그 자체였다"고 소년 같은 맑은 눈으로 이야기했다. 베트남전쟁이 끝났어도 전쟁에 반대했던 그 열정을 무궁화회에서 이어갔던 것이다.

또 한 사람은 오사카에서 영화 배급과 홍보를 하는 '키노키네마'의 대표 키시노 레이코 씨다. 나와는 한국 영화의 배급과 홍보를 맡을 때가 많아서 신문기자 시절부터 자주 만난 사이다. 〈이바라키의 여름〉(전성호 감독)이라는 오사카 소재 한국계 민족학교(건국고) 이야기를 다룬 다큐멘터리도 키시노 씨가 배급과 홍보를 맡았다. 건국고는 전국 고교종합문화제 향토 예능 부문에 매년 오사카 대표로 출전하는 학교다. 한국의 전통 예능으로 오사카 대표가 되다니 놀라운 일이 아닐 수 없다. 그러나 한편으론 오사카에 재일코리안이 많은 것을 생각하면 자연스러운 일인 것도 같다.

다큐멘터리를 극장에서 상영하는 것 자체가 어려운 일인데 키시노 씨는 '이 영화를 일본 사람들에게 보여주고 싶다'는 생각에 적자를 각오하고 배급과 홍보를 맡았다고 한다. "나는 영화를 통해서 세계 평화에 도움이 되고 싶다"고 당당하게 말하는 키시노 씨도 히다 씨와 같은 세대다. 역시나 베트남전쟁에 반대하는 운동에 참여했었다고 한다. 전쟁 후의 베이비붐 세대로 전쟁을 되풀이하면 안 된다는 뜨거운 마음이 있던 세대다. 그 열정이 차세대로 이어지지 않은 것이 일본의 안타까운 현실이다.

키시노 씨는 영화 〈1987〉에 대해 "일본에서는 요즘 나오기 힘든 영화다. 특히 일본의 젊은 세대는 자기 주변 일 외에는 관심이 없다"고 말했다.

〈1987〉 같은 영화가 만들어지고 흥행하는 뜨거운 한국이 부러울 따름이다.

딱 며칠만 며느리로 받아줄
한국 사람을 찾습니다

한국에서 설날이라고 하면 구정을 말하지만, 일본에서는 신정을 쇤다. 올해는 중국에서 새해(신정)를 맞이했다. 백두산에 올라 햇살에 비쳐 반짝이는 천지를 보는 아주 귀한 경험을 했다. 하지만 뭔가 허전한 느낌이었다. 가만히 생각해보니 일본이 아닌 곳에서 새해를 맞는 것이 생전 처음이어서 그런 모양이었다.

중국에서 돌아와서는 일본에 갔다. 가자마자 신년회에 참석했는데 거기서 나온 요리가 '오세치'였다. 오세치는 일본에서 새해 때 먹는 요리다. 찬합에 담긴 예쁜 오세치를 본 순간 처음으로 해가 바뀌었다는 실감이 났다. 특별히 전통을 지키면서 사는 편은 아니지만 그래도 매년 습관적으로 해왔던 것들을 안 하면 어색하다는 것을 깨달았다.

일본에서 한국의 섣달그믐에 해당하는 12월 31일을 '오미소카'라고 한다. 대청소를 하는 날이다. 평소에 청소를 대충하는 나도 오미소카만큼은 가족과 함께 집 안 구석구석까지 깨끗이 쓸고 닦는다. 그리고 홍백가합전을 보면서 소바(메밀국수)를 먹는다.

홍백가합전은 매년 오미소카의 밤에 하는 NHK의 음악 프로그램이다. 여성 가수로 구성된 홍 팀과 남성 가수로 구성된 백 팀이 노래로 경쟁한다. 옛날만큼 시청률이 안 나온다고 하지만 그래도 40% 안팎에 이른다. 2017년에는 내가 중학생이던 시절 톱스타였던 아무로 나미에가 은퇴 선언을 하고 마지막으로 출연하는 홍백가합전이라고 해서 크게 화제가 됐다. 올해는 중국에 있어서 홍백가합전을 보지 못했지만, 중국에서도 비슷한 프로그램을 하고 있어서 무슨 말인지 알아듣지 못하면서도 위안 삼아 봤다.

소바는 평소에도 자주 먹는 음식이지만 특히 오미소카에는 빼놓지 않고 꼭 먹는다. 소바를 먹는 풍습에는 여러 설이 있다. 일반적으로는 가늘고 길게 생긴 소바처럼 오래 살라는, 즉 장수를 기원하는 의미라는 이야기를 가장 많이들 한다. 또 소바가 잘 끊어지는 만큼 한 해의 고생을 잘라내자는 의미가 담겼다는 주장도 설득력이 있다. 고레에다 히로카즈 감독의 영화 〈아무도 모른다〉를 보면 아이들이 인스턴트 소바를 먹는 장면이 나온다. 엄마 없이 아이들끼리 인스턴트 음식을 먹고 산다는 것만으로도 가슴이 아픈데 그 음식이 소바여서 더 가슴이 아팠다. 소바를 먹는 건 그날이 오미소카란 뜻이다. 크리스마스엔 돌아오겠다고 했던 엄마가 오미소카에도 돌아오지 않았다는 건 영영 안 돌아올 수도 있다는 예감을 관객에게 안겨준다. 엄마가 아이들을 방치하고 집을 나가버린 실제 사건을 토대로 만든 이 영화에서 나는 이 소바를 먹는 장면이 제일 슬펐다.

신문사에 입사한 후에는 오미소카에 당직하는 경우가 많았다. 하지만 그럴 때도 당직 기자들끼리 홍백가합전을 보면서 소바를 먹었다.

해가 바뀌면 오세치를 먹고 신사에 간다. 새해 처음 신사에 가는 것을 '하쓰모데'라고 한다. 유명한 큰 신사로 갈 때도 있고 집 근처의 작은 신사로 갈 때도 있다. 가면 신년의 소원을 비는데 올해는 신사에 못 간 대신 백두산 정상에서 소원을 빌었다.

한국의 설날이 다가온다. 이참에 일본에서 제대로 못 지낸 새해를 한국에서 한국식으로 지내볼까 생각 중이다. 그렇다고 한국에 가족이 있는 건 아니라서 한국 사람들처럼 정식으로 지낼 순 없을 것 같고, 한국 사람들이 설날에 먹는 떡국을 만들어 먹는 정도일 것이다.

한국이나 일본이나 명절 때 그 나라 특유의 문화가 드러나는 법인데, 진짜 그 나라 사람이 아니라면 경험하기 힘든 것 같아 그 부분이 좀 아쉽다. 한국 사람과 결혼한 친구들은 명절 때 할 일도, 신경 쓸 일도 많아서 힘들다고 한다. 그런데 나는 힘들어도 좋으니 실제로 경험하고 싶다. 한국의 명절 문화가 너무 궁금하기 때문이다.

"누구, 딱 며칠만 저 며느리로 받아줄 사람 없나요?"

수호랑과 반다비를
아시나요?

　평창 올림픽 개막을 며칠 앞두고 일본에서 중학교 동창들이 놀러 왔다. 일본에서 경험해본 적 없는 영하 두 자리의 추위 속에서 명동과 인사동, 동대문 등 서울의 대표적인 관광지를 돌아다녔다. 한국에 살고 있으면 별로 안 가게 되는 곳이지만, 오랜만에 관광객처럼 쇼핑하는 것도 신선하고 즐거웠다. 특히 명동에서는 추위도 잊고 화장품을 찾아 다녔다. 한국 화장품은 일본에서 인기가 많아 선물로 사가면 좋아한다. 더 이상 손에 들 수 없을 정도로 잔뜩 샀다.

　일본에서는 10대 중반의 여학생들을 말할 때 '젓가락이 굴러도 웃긴 나이'라는 표현을 쓴다. 하지만 우리는 이미 30대

중반에 접어들었음에도 아침부터 밤늦게까지 배꼽이 빠질 만큼 웃고 떠들어댔다. 마치 중학생 때로 돌아간 것처럼 며칠을 지내다 친구들이 떠날 때가 되니 아쉬웠다. 차로 친구들을 김포공항까지 배웅했는데 거기서 평창 올림픽 공식 스토어를 발견했다.

친구들은 공식 마스코트 '수호랑'과 '반다비'가 눈에 들어오자 "귀엽다"고 말하며 눈을 반짝였다. 그러고 보니 서울의 대표적인 관광지를 돌아다니는 동안 한 번도 올림픽 공식 스토어를 발견하지 못했다. 한 친구는 "올림픽 개막 직전인데 그런 분위기가 별로 없다. 이즈음 한국에 오는 일본 사람이라면 평창 올림픽 관련 상품을 사고 싶어 할 텐데 좀 아쉽다"고 말했다.

김포공항에서 산 수호랑 굿즈를 페이스북에 올렸더니 역시나 일본 친구들의 반응이 좋았다. 다음에 일본에 들어올 때 사다달라는 부탁도 받았다. 그런데 주변의 한국 사람들은 내가 갖고 있는 수호랑 굿즈를 봐도 별 반응이 없었다. "호랑이냐?"고 묻는 정도였다. "평창 올림픽 공식 마스코트 수호랑"이라고 해도 "그래?" 하고 말았다.

하긴 일본은 뭔가 큰 행사가 있을 때마다 마스코트를 만들어서 문구류나 과자, 옷 등 여러 관련 상품을 내놓는다. 그 행사에 가지 않아도 마스코트가 예뻐서 사는 사람도 많다. 2010년 나라에서 기자로 근무했을 때 천도遷都 1300년을 기념하는 큰 행사가 있었다. 나라는 서기 710년에 수도가 된 곳이다. 그 행사의 공식 마스코트가 '센토군'이었다. '센토'는 천도의 일본식 발음이다. 스님 같은 모습을 한 아이의 머리에 사슴 같은 뿔이 있는 마스코트인데, 나라 지역이 사찰과 사슴이 유명하기 때문에 그렇게 제작했던 모양이다. 어쨌든 한국 관광객들도 주로 큰 불상이 있는 도다이지東大寺나 사슴이 많은 나라공원으로 여행을 다닐 정도로 나라는 사찰과 사슴이 유명하긴 하다.

특이한 외모의 센토군은 큰 이슈가 됐다. "징그럽다"는 의견이 쏟아졌던 것이다. 센토군의 마스코트 지정에 대항하듯 민간 마스코트도 등장했다. 센토군 관련 기사가 신문 1면에 나온 적도 있다. 그 당시 문화 담당 기자였던 나는 센토군 담당이라고 불렸다.

일본처럼 마스코트에 너무 열광하는 것도 그다지 좋은 현상은 아니라고 생각한다. 그러나 한국처럼 너무 반응이 없는 것도 아쉬운 면이 있다. 귀여운 수호랑과 반다비가 좀 더 활약할 수 있었으면 얼마나 좋았을까.

유학 생활 목표 중 하나가 평창 올림픽을 직접 보는 것이었다. 하지만 내가 보고 싶은 경기의 입장권은 생각보다 비쌌고, 날씨까지 추워지면서 갈 엄두가 나지 않았다. 고민하는 사이 올림픽 시기에 올림픽과는 전혀 무관한 다른 취재를 도와달라는 의뢰가 들어와 결국 평창에 못 가게 됐다.

개회식 날 집에서 TV를 보는데 올림픽 경기 관련 뉴스보다 북한 관련 뉴스가 훨씬 많았다. 큰 화제라는 건 이해하지만 올림픽까지 정치색이 입혀지는 것 같아 조금 식상한 느낌이 들었다. 가끔 화면에 수호랑과 반다비가 등장하면 반가웠다.

그럼에도 불구하고 평창 올림픽이 평화 무드 속에 개최된 건 정말 축하할 일이었다.

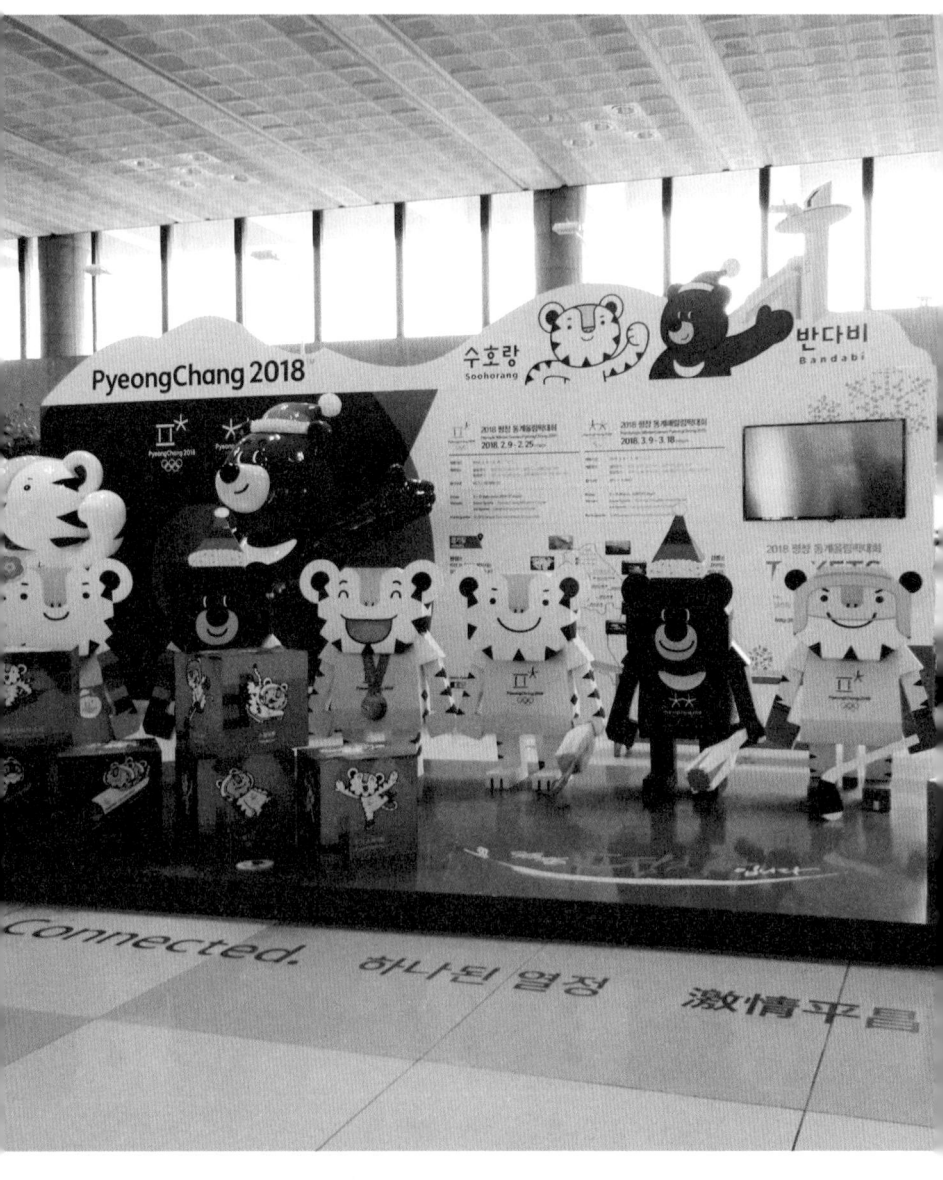

따뜻한 우동 한 그릇의
행복을 찾아서

아사히신문을 그만두고 싶었던 가장 큰 이유는 '너무 바빠서'였다. 일본이나 한국이나 신문기자는 자신이 담당하는 분야에서 무슨 일이 일어나면 쉬는 날도 상관없이 일을 해야 한다. 취재하는 것도 기사를 쓰는 것도 좋아했지만, 제대로 자지도 먹지도 못하는 정신없는 생활에 지쳐버렸다.

가까운 사람들에게 그만두고 싶다는 말을 꺼내기 시작한 것은 실제 그만두기 2년쯤 전이었다. 아사히신문 애독자였던 엄마는 퇴사를 가장 강하게 반대한 사람이었다. 그런 엄마가 "그만두고 싶으면 그만둬"라고 말하게 된 건 나의 도쿄 생활을 본 다음부터였다. 하루는 오사카에 사는 엄마가 나를 보러 도쿄에 왔다. 쉬는 날 엄마와 영화를 보러 극장에 갔는데 회사에서 계속 전화가 걸려와 몇 번이나 극장 밖으로 나가는 모습을 엄마는 조용히 지켜봤다. 식사 중에도 마감 시간이 다가와서 원고를 확인하거나 수정하기 위해 노트북을 꺼내 작업해야 했다. 입사 이후 늘 그렇게 살았음에도 멀리서 온 엄마에게 미안했다.

  집에서 요리를 하는 대신 주로 외식하거나 편의점에서 음식을 사 먹었다. 요리할 시간이 있으면 1분이라도 더 자고 싶었기 때문이다. 음료수 외엔 거의 아무것도 없는 냉장고를 보고 한숨 쉬는 엄마에게 "나도 인간답게 살고 싶다"는 말을 나도 모르게 해버렸다. 엄마는 그 말이 머리에서 떠나질 않았다고 한다.

  영화〈리틀 포레스트〉는 서울 생활에 지쳐 고향으로 돌아가 농사를 짓는 젊은이의 이야기다. 원작은 일본 만화지만 내가 보기엔 일본보다 한국이 훨씬 사람 간의 경쟁도 심하고 도시 생활도 힘든 것 같다. 영화에서 막 수확한 채소로 만든 요리를 친구들과 농담을 주고받으며 먹는 모습이 너무 행복해 보였다. 돈으로 살 수 없는 사랑스러운 일상이랄까. "인간답게 살고 싶다"던 내 말은 바로 그런 일상을 소중히 여기며 살고 싶다는 뜻이었다.

내가 아사히신문을 퇴사하기 1년 전 이나가키 에미코라는 기자가 먼저 그만뒀다. 왜 그만뒀는가에 대해 쓴 책《퇴사하겠습니다》는 한국에서도 번역·출판됐다. TV나 신문에도 소개돼 한국에선 '아사히신문을 그만둔 사람'으로 유명하다. 사실 그녀는 일본에선 아사히신문에 있을 때부터 유명했다. '폭탄 머리'로도 불리는 아프로 헤어Afro-hair가 눈에 띄기도 했지만, 무엇보다 동일본 대지진 후 전력을 거의 안 쓰는 생활을 하기 시작해 유명해졌다. 대지진 후 원자력 발전소 사고 때문에 전력을 절약해야 하는 상황이 벌어졌다. 그것을 계기로 전자레인지·TV·냉장고를 쓰지 않는 생활을 하며 그 경험을 신문 칼럼으로 써 화제가 됐던 것이다.

이나가키 씨가 생활을 바꾼 건 동일본 대지진 때문만은 아니었다. 이보다 앞서 시코쿠의 가가와라는 곳으로 전근을 가게 되면서 가치관이 달라졌다고 한다. 오랫동안 도시에서 기자로 일하며 돈을 막 쓰는 생활에 익숙해져 있던 그녀가 가가와에서 생활이 바뀌게 된 것이다. 가가와 사람들은 평균적으로 돈을 많이 안 쓴다. 그녀는 그 이유를 우동이 싸고 맛있기로 유명한 가가와 사람들의 소비 기준이 '우동 몇 그릇'이기 때문이라고 분석했다. 한 그릇에 200엔도 안 되는 우동을 먹고 사는 가가와 사람들은 '놀이공원 입장료 몇천 엔이면 우동 몇십 그릇을 먹을 수 있다'는 식으로 생각한다는 이야기다.

  회사를 그만두는 것이나 시골에서 사는 것을 권하는 게 아니다. 회사를 다니면서도, 도시에 살면서도 일상을 소중히 하며 살 수 있다. 평창 올림픽 폐회식 말미 어느 방송국 캐스터가 "내일부터는 여러분의 올림픽 같은 일상을 응원하겠다"고 했다. 나는 이제 올림픽 같은 일상은 싫다. 모두가 경쟁하면서 살아갈 필요는 없다고 생각하기 때문이다.

  회사에 다닐 땐 거의 하지 않던 요리를 요즘은 자주 한다. 냉장고도 꽉 차 있다. '오늘은 뭘 해먹지' 생각할 수 있는 일명 소확행(소소하지만 확실하게 실현 가능한 행복)의 일상을 즐기며 살고 있다.

자극적인 한국 영화, 잔잔한 일본 영화

 남산예술센터에서 열리는 '제8회 현대일본희극낭독공연'에 참가하기 위해, 일본에서 극작가·배우·평론가 등 연극 관계자 10명 정도가 서울에 왔다. 일본 희극을 한국어로 번역해 한국 배우들이 낭독하는 공연인데 관계자뿐만 아니라 일반 관객도 볼 수 있다.

 한국 연극계가 미투 운동 때문에 위축된 상태가 아닐까 걱정했다. 그런데 젊은 관객도 많이 오고, 원작자와 연출가와 관객의 대화도 활발하게 진행됐다.

 이번이 서울에서의 여덟 번째 공연이었다. 도쿄에서도 한국 희극을 일본어로 번역해 일본 배우들이 낭독하는 공연이 여덟 번 열렸다. 합치면 열여섯 번이다. 2002년부터 서로 40편씩 작품이 오간 것이다.

  연극인들의 한·일 교류는 정치적으로 한·일 관계가 안 좋을 때도 상관없이 이어져왔다. 연극은 그때그때 사회를 반영하는 경향이 있다. 서로의 작품이 소개되는 건 현재 뭐가 화제인지, 뭐가 문제인지를 공유할 수 있는 기회기도 하다. 나는 아쉽게도 이런 흥미로운 기획이 있다는 사실을 너무 늦게 알았다. 이번 서울 공연이 세 번째 참가다.

  세 번 참가하면서 알게 된 것은 같은 작품인데도 일본 관객보다 한국 관객이 더 많이 웃는다는 사실이었다. 이번에 본 작품 중 〈저편의 영원〉이라는 작품은 소련에서 미국으로 망명한 시인(아버지)과 소련에 남겨진 딸의 갈등을 중심으로 그린 무거운 작품이었다. 아마도 일본에서 공연했을 땐 조용했을 것이다. 한국판이 가볍다는 것이 아니라, 연출인지 아니면 배우가 즉흥적으로 하는 건지 모르지만 웃음이 터질 수밖에 없는 장면이 한국판에 많다는 것이다. 한국판을 본 원작자 오사다 이쿠에 씨는 "관객의 반응이 커서 행복했다"고 말했다.

  반대로 한국 희극 〈인류 최초의 키스〉의 일본판을 도쿄에서 공연했을 때 원작자 고연옥 씨는 "한국에서는 관객들이 많이 웃었는데 일본 관객들이 조용해서 불안했다"고 말했다. 결코 재미없어서 조용한 것은 아니었을 것이다. 대체로 일본 관객은 소리 내서 웃는 습관이 별로 없다.

한국 관객이 일본 관객에 비해 더 웃고 싶어 한다고 확신한 것은 영화 〈지금 만나러 갑니다〉를 보고 나서다. 일본 소설이 원작이며 일본에서도 영화가 만들어져 호평을 받았지만 웃을 만한 장면은 거의 없었다. 그런데 한국판은 코미디라고 해도 될 정도로 웃긴 장면이 많았다. 특히 주인공 우진(소지섭)의 절친 홍구(고창석)의 역할은 일본판에는 없었던 역할인데 관객들을 웃기기 위해 등장시킨 것처럼 느껴졌다.

시나리오 작가들은 "이제 멜로드라마는 투자받기 어려워서 쓰고 싶어도 쓸 수가 없다"고 한다. 〈지금 만나러 갑니다〉도 원작에 충실한 시나리오였다면 투자받기 어려웠을지도 모른다.

"일본 영화는 잔잔해서 좋다"고 하는 한국 사람도 있으나 주류는 아닌 듯하다. "밋밋하다"며 일본 영화를 별로 안 보는 한국 사람이 더 많은 것 같다. 더 자극적인 것을 선호하기 때문일지도 모른다.

나는 잔잔한 일본 영화도, 자극적인 한국 영화도 좋아한다. 하지만 허진호 감독의 〈8월의 크리스마스〉나 〈봄날은 간다〉와 같은 잔잔한 한국 영화가 최근에 보기 힘들어진 것은 안타까운 일이라 생각한다. 물론 액션 영화 같은 규모가 큰 영화들이 투자받기 쉽다는 것은 이해하지만, 영화 팬으로서 다양한 작품을 볼 수 있는 기회가 더 많아졌으면 하는 바람이다.

    IPTV가 어느 가정에나 있는 시대다 보니 개봉 중인 영화를 거의 동시에 TV로 볼 수 있다. 이런 점을 이용해 돌파구가 생겼으면 좋겠다.

밴드 '곱창전골'의
한국 데뷔 20년

한국에 사는 일본 사람들 사이에는 출신지별로 모이는 모임이 있다. 나는 2018년 말쯤 한국에 거주하는 고베 출신자 모임에 참석한 적이 있다. 고베 출신은 아니지만 고베대학 출신이라는 인연 덕분이었다.

그 모임에서 낯익은 사람을 봤다. 머리 스타일만 봐도 특이한 그 사람은 '곱창전골'이라는 밴드의 멤버인 사토 유키에 씨였다. '곱창전골'은 멤버 모두가 일본 사람으로 구성된 밴드로 한국에서 활동한다. 그런 밴드가 있다는 건 기사를 봐서 오래전부터 알고 있었고, 일본 출신으로 한국에서 활동하는 가수의 선구자 역할을 하고 있어 관심을 갖고 있었다.

사토 씨도 고베 출신은 아니지만 사토 씨의 팬클럽 회장이 고베 모임 멤버라는 이유로 자주 참가한다고 했다. 이날도 기타를 들고 와서 노래를 들려줬다. 사토 씨는 "2019년이 한국 데뷔 20년이다. 내년엔 본격적으로 활동할 계획이니 기대해 달라"고 말했다. 그래서 데뷔 20년에 맞춰서 나도 인터뷰해야 겠다고 생각했었는데 어영부영하다 보니 인터뷰 기회를 놓친 채 시간이 지나버렸다.

사토 씨를 다시 만난 건 1년 후인 2019년 말이었다. 지인이 홍대에서 사토 유키에 공연이 있는데 같이 가자고 연락을 해 왔다. 작은 지하 라이브 카페에서 맥주를 마시며 그해 마지막 공연을 즐겼다. 공연 후 사토 씨도 같이 맥주를 마시며 이야기를 나눴다. 데뷔 20년은 어땠냐고 물어봤더니 "한·일 관계 때문에 엄청 힘들었다"고 했다. 도대체 어떻게 힘들었는지 궁금해서 인터뷰를 신청했다.

사토 씨가 처음 한국을 방문한 건 1995년이고, 이때 한국 음악과 음식에 빠졌다고 한다. 그래서 밴드 이름이 '곱창전골'이다. 처음부터 어려움을 많이 겪었다고 한다. 그 당시 일본 가수가 한국에서 앨범을 내는 것 자체가 아주 힘든 일이었다. "어떻게든 '일본'이 안 보이는 걸로 만들어야 했다. 앨범 표지에 멤버들 사진도 못 쓰고 내가 작사 작곡한 노래도 그 당시 매니저가 한 걸로 해서 냈다"고 한다.

  일본 대중문화가 개방되기 시작한 게 1998년이다. '곱창전골'은 그때쯤 데뷔했기 때문에 그 변화를 실감했을 것이다. 그런데 지금도 완전히 개방된 건 아니다. 특히 지상파에서는 일본 드라마나 음악은 방송할 수 없다.

  사토 씨는 2005년에 한국 사람과 결혼해서 한국에 살고 있지만 다른 멤버들은 일본에 살고 있다. 그래서 평소에는 솔로로 활동할 때가 많은데 "2019년만큼 한·일 관계가 나에게 영향을 준 적은 없었다"고 한다. 출연하기로 했던 공연들이 여러 가수가 나오는데도 유독 사토 씨만 취소되는 일이 많아졌다. '일본 제품 불매 운동' 때문이었다.

  "아마도 주최 측은 나를 좋게 생각해서 초대했는데 포스터 등으로 출연자 이름을 본 사람 중에 '왜 일본 가수가 나오냐'고 항의하는 사람들이 있었던 것 같습니다." 그런 상황에서 발매할 예정이었던 '곱창전골' 다섯 번째 앨범은 연기할 수밖에 없었다. "이미 완성한 상태다. 조만간에 꼭 내고 싶다"고 사토 씨는 힘줘 말했다.

  사토 씨가 살고 있고 음악 활동의 주 무대기도 한 홍대 주변은 특히 일본 관련 가게들이 많아 불매 운동의 타격이 컸다. 일본인이 운영하는 인기 빵집 '아오이하나'가 경영이 어려워져서 폐점한 뉴스는 재한 일본인들에겐 충격이었다.

"안타까운 일이 많았다"고 한숨 쉬면서도 사토 씨는 더 앞날을 내다보고 있었다. "최근 일본 젊은 사람들은 K팝을 비롯해서 한국 문화를 아주 좋아합니다. 그 친구들이 사회를 움직이는 나이가 되면 많이 바뀔 것입니다." 낙관적인 사토 씨의 태도에 마음이 놓이는 한편, 한국 음악과 음식을 좋아해서 한국에 살며 음악 활동을 하는 사토 씨가 왜 불매 운동의 대상이 돼야 하는지 납득할 수 없었다.

이 이야기를 한국 친구한테 해봤지만 "그건 아베가 나빠"로 끝났다. 맞다, 아베가 나쁘다. 그런데 그걸 비판하는 방법이 오히려 한국을 좋아하는 일본 사람들의 마음과 재산을 해치는 거라면 '어쩔 수 없다'로 끝나면 안 되는 게 아닐까.

그림 같은 미래도시 '송도',
그 풍경 속 불안함

2019년에 엄마가 만 70세가 됐다. 축하 선물로 인천 송도에 있는 경원재 앰버서더 숙박권을 선물했다. 이 호텔은 드라마 〈도깨비〉 등의 촬영지로도 잘 알려져 있다. 외관은 한옥처럼 생겼는데 방은 침대가 있는 서양식 스타일이 섞여 있다. 외국인이 한국풍의 옛 분위기를 즐기면서 이용하기 편한 곳이다.

엄마도 그 아름다움과 편안함에 감탄했다. 1층 방에는 작은 마당도 있어서, 마당에 있는 의자에 앉아 와인을 마시며 시원한 밤을 엄마와 수다를 떨며 보냈다.

호텔은 조선시대로 타임 슬립time slip을 한 것 같은 건물이지만, 주변은 고층 아파트나 빌딩들로 둘러싸여 있어 이질적인 분위기를 풍긴다. 송도국제도시라고도 불리는 이곳은 한국에서 두 번째로 높은 68층 빌딩 포스코타워도 있다.

경원재는 송도 센트럴파크 안에 있어 공원 가운데로 흐르는 호수를 유람하는 수상 택시도 탈 수 있다. 수상 택시 위에서 고층 건물들을 올려다보던 엄마는 "일본 같으면 지진이 무서워서라도 이렇게 높은 건물에서 사는 걸 별로 좋아하지 않는데……"라고 말했다. 일본은 지진이 많아 대도시가 아니면 높은 건물을 보기 힘들다. 송도 고층 아파트에는 연예인도 여러 명 살고 있다고 한다. 한국에서는 높은 아파트가 부의 상징인 듯하다.

G타워 33층에 있는 전망대에 올라가니 송도가 한눈에 보였다. 아직 건설 중인 빌딩도 많았다. 엄마는 "그림 같은 미래도시네" 하며 감탄했다. 전망대에서 그 풍경을 담아 SNS에 올렸더니 "한국에 이런 곳이 있었어?" 하고 놀라는 한국 친구들도 적지 않았다.

경제 발전의 상징 같은 도시가 송도 아닌가 싶었다. 하지만 보는 재미는 있으면서도 어딘가 불안하게 느껴지는 것도 사실이었다. 일본의 버블 경제를 보는 것 같아서다.

일본에서는 80년대 후반부터 90년대 초까지를 '버블 경제기'라고 부른다. 그 당시에 그것이 '버블'이라고 의식했던 사람이 얼마나 있었을까. 버블이 붕괴했기 때문에 버블이었다고 인식한 사람이 대부분이었을 것이다.

일본에서도 버블 경제기에 땅이나 건물 값이 계속 올랐었다. 전매가 되풀이되면서 실제 가치보다 훨씬 비싼 값이 됐다. 일본은 전후 계속 경제 발전이 이어져왔기 때문에 값이 오르는 것에 대해 의문을 가지는 사람이 별로 없었다.

한편 지금 한국은 경기는 좋지 않은데 빌딩이나 아파트가 계속 늘어나고 값이 오르고 있는 곳이 많다. 송도는 높은 건물들이 많은 반면, 왕래하는 사람은 별로 없어 보였다. 내가 사는 일산도 쇼핑몰을 새로 만들었는데 입점하는 가게가 없어 유령의 집처럼 텅 비어 있는 데도 있다.

최근 한국의 여러 사람한테 "IMF 때 같은 경제 위기가 조만간 올 수도 있다"는 말을 들었다. 또 주변에는 가지고 있던 원화를 엔화나 달러로 바꾸는 사람도 있다. 게다가 한·일 관계 악화로 인해 한국에 있는 일본 기업들이 철수하거나 주재원을 줄이는 경우가 많다고 한다.

일본은 2004년 12월 1억 2784만 명을 최고치로 그 후 계속 인구가 줄고 있다. 2050년에는 9515만 명까지 줄 것이라는 예측도 나왔다. 고령화는 이미 아주 심각한 문제가 됐다. 일본은 지금 경기가 나쁘지 않은 것처럼 보이지만 이러한 상황이 오래 갈 거라고 기대하는 사람은 별로 없다. 오히려 예정된 올림픽이 끝나면 나빠질 거라고 생각하는 사람이 많다.

한국에서도 일본의 버블 경제기나 그 후의 기나긴 불경기를 통해 배울 것이 있지 않을까 싶다. 내가 봐도 출산율이 세계 최저인 한국에서 끊임없이 빌딩이나 아파트가 늘어나는 것은 좀 이상하다.

경원재도 투숙객으로서는 조선시대 왕비처럼 우아하게 지낼 수 있어 좋았지만, 이곳에 인천시의 예산이 많이 쓰이고 있다니 좀 걱정이 되는 건 사실이다. 내심 우려가 돼 우연한 기회에 인천시 관계자에게 인천시가 그렇게 돈이 많으냐고 물었더니 "인천은 바닷가라 매립해서 땅을 만들면 돈이 들어온다"며 웃었다. 그러나 이 말이 나를 더 불안하게 만든 건 무슨 이유일까.

한국을 사랑하고 한국이 잘됐으면 하는 내 입장에선 작금의 현실이 어쨌든 불안하다.

마법 같은 한국의
스펙 사회

 조국 전 법무부 장관의 일로 한국 사회가 시끄러울 때 한국의 젊은 세대가 박탈감과 함께 분노를 느낀 것은 '자녀 입시 특혜 의혹' 때문이 아닐까 싶다. '기회의 평등함'과 '과정의 공정함'을 강조해온 문재인 정부인 만큼 이를 지지했던 젊은이들은 배신당한 기분이 들었을 것이다.
 나는 이런 일련의 한국 사회 이슈들을 보면서 인기리에 종영한 드라마 〈SKY 캐슬〉이 생각났다. 나는 이 드라마를 한국에서 흥미롭게 보았고, 일본에서 이 드라마가 방송되는 타이밍에 맞춰 드라마 소개 기사도 썼다. 그런데 일본에서는 "한국의 치열한 입시전쟁의 현실을 모르면 이해하기 힘들 것"이라는

지적이 많았다. 한국에서 이 드라마가 인기를 끈 건 현실과 비슷해 보이는 부분들이 공감을 얻었기 때문이지만, 일본에선 현실과 드라마 상황이 너무 달라 몰입하기 힘들다는 것이었다.

나 또한 주변 한국 지인들을 통해 한국 사람들이 자녀 교육에 많은 돈을 쓰고 있다는 걸 어렴풋이 알고는 있었지만, 〈SKY 캐슬〉을 보고 처음으로 돈의 힘으로 대학 입시의 좁은 문을 통과할 수도 있다는 것을 알았다.

돈으로 스펙을 쌓아서 합격하는 거라면 문제는 덜하다. 돈이 없어도 열심히 노력해서 스펙을 쌓으면 합격할 수 있기 때문이다. 문제는 불투명한 입시 제도다. 〈SKY 캐슬〉에서는 입시 코디네이터라는 직업이 주목을 받았다. 입시 코디네이터는 스펙을 쌓는 일뿐만 아니라 봉사활동이나 학생회장 선거 등 입시에 관련한 모든 것을 관리한다. 물론 드라마기에 과장된 부분이 있기는 하겠지만, 현실에서도 비슷한 일들은 비일비재하다고 한다.

여기서 냉정하게 한번 생각해봐야 한다. 학생회장에 당선되는 것과 서울대학의 의대에 입학하는 것과는 어떤 관련이 있을까. 학생회장 당선이 대학 입시 때 평가를 받는다면 평상시의 생활 태도라든가 리더십 등이 인정받는다는 뜻일 것이다. 내 개인적인 생각이지만, 그런 부분이 긍정적인 평가를 받을 만한 학과나 전공은 따로 있다고 생각한다. 의학을 배우기 위해 특별히 필요한 능력 같지는 않아 보인다는 이야기다.

학생회장이 드라마처럼 부모의 돈으로 당선시킬 수 있는 거라면, 대학 측에서 부모가 부자인 학생을 원한다는 거와 마찬가지로 보인다. 이런 입시전쟁은 불공평할 뿐만 아니라 사회적으로도 불행한 일이 아닐 수 없다. 환자보다 자신의 출세에 집착하는 의사를 만드는 문제로 이어질 수 있기 때문이다. 드라마를 보면 이 점을 짐작하고도 남을 만했다.

일본에서도 '스펙'이라는 말을 전혀 안 쓰는 건 아니다. 하지만 한국처럼 흔하게 쓰는 말은 아니다. 스펙이 정말 그 사람의 실력을 보여주는 거라면 좋겠지만, 꼭 그렇지는 않다고 생각한다.

서울 특파원으로 활동한 아사히신문 선배가 이런 말을 했다. "한국에서 강연 의뢰를 받을 때 꼭 주최 측에서 대학원은 안 나왔냐는 질문을 해. 일본에서 강연할 때는 그런 질문을 받은 적이 없는데 말이야." 아사히신문 서울 특파원에게 한국에서 강연 의뢰를 할 때 듣고 싶은 이야기는 특파원으로서의, 또는 아사히신문 기자로서의 경험담, 정보, 생각 등이 아닐까. 그가 대학원을 나왔는지 안 나왔는지는 결코 중요하지 않다는 이야기다. 그런데 그런 내 의견을 한국 지인에게 말했더니 "그래도 듣는 사람은 대학원 정도 나와야 강연자로서 적합하다고 생각한다"고 했다. 나로서는 납득하기 힘든 부분이었다. 한국은 지나치게 '스펙 사회'인 게 맞는 것 같다. 스펙은 그 사람의 일부를 알 수 있긴 하지만 그게 다는 아니라고 생각한다.

나는 동국대학 일본학연구소에서 재일코리안 관련 연구 프로젝트에 참여하고 있다. 그 프로젝트의 일환으로 재일코리안 당사자를 초청해서 강연을 의뢰할 때가 많다. 그런데 강연이 끝나고 강연료를 지급하는 절차를 진행하다 보면 대학 측에서 "강연자는 어디 대학 출신인지, 대학원은 어디 나왔는지" 같은 질문을 한다. 학력 때문에 지급하기가 어려운 경우도 생길 수 있다는 것이다. 강연에 초청하는 재일코리안들은 사업가나 배우 등 직업이 다양하다. 학력과 상관없이 활동하는 사람들인 것이다. 이런 문제에 부딪힐 때마다 한국에서 스펙은 본질을 흐리는 걸림돌처럼 느껴진다. 더 나아가 사회의 병폐라는 생각이 들 때도 있다.

조국 전 장관이 돈이나 권력을 이용해서 자녀 대학 입시에 영향을 줬다면 그것은 문제다. 그리고 그것은 부정행위이므로 용서할 수 있는 사안이 아니다. 그 시시비비를 내가 잘 모르기도 하고, 또 내가 언급할 문제도 아니라고 생각하지만 한 가지 바람이 있다. 이번 기회를 정치적 이슈에 따라 무조건적으로 비판할 게 아니라, 불투명한 입시 제도나 지나치게 스펙을 중요시하는 사회에 경종을 울릴 수 있는 계기로 삼았으면 좋겠다는 것이다.

누구를 위한 불매 운동일까

한국에서 일본 제품 불매 운동이 들불처럼 번졌을 때 그 표적이 된 제품 중 하나가 아사히 맥주다. 일본 제품 하면 가장 먼저 떠오를 정도로 아사히 맥주가 한국에서 인기가 많다는 것은 알 만한 사람은 다 아는 사실이다.

내가 아사히신문 출신이라고 하면 아사히 맥주 계열사냐고 묻는 한국 사람도 많다. 그만큼 아사히신문보다 아사히 맥주가 더 알려져 있다고 볼 수 있다. 아사히신문은 한자로 '朝日', 맥주는 가타카나로 'アサヒ'라고 쓰기 때문에 일본에서는 계열사로 착각하는 사람이 거의 없다.

매일 쏟아지는 불매 운동 보도를 보며 문득 이런 생각이 들었다. '일본 정부가 그 원인을 만든 건 알지만, 일본 제품에 무슨 죄가 있지?' 제품을 기획한 사람, 만드는 사람, 운반하는 사람, 파는 사람……. 하나의 제품이 있기까지의 배경에는 여러 사람의 피와 땀이 서려 있기 마련이다. 거기엔 일본 사람도 있고, 한국 사람도 있다. 내 주변에도 불매 운동으로 피해를 입은 사람들이 있는데, 오히려 한국 사람이 더 많은 듯하다.

이런 분위기 속에서 지내는 것 자체가 괴롭던 어느 날 한국 신문사 지인에게서 "점심을 같이 먹자"는 연락이 왔다. 지인이 지정한 장소는 이자카야였다. 보도에 따르면 일본식 음식점인 이자카야도 불매 운동의 대상이었다. 그런데 막상 들어가 보니 손님들로 꽉 차 있었다. 메뉴를 보기도 전에 일행은 "맥주는 뭘로 마실래?"라고 내게 물었다. 일본에서는 낮부터 술을 마시는 일이 거의 없지만, 한국 언론 관계자들은 낮에도 마실 때가 종종 있는 모양이었다. 조심스럽게 "아사히 맥주"라고 했더니 모두가 "나도 나도" 하며 아사히 맥주로 건배를 했다. 분명 나를 염려해서 마련해준 자리였다. 집으로 돌아오는 길에 그들의 따뜻한 마음이 고마워 눈시울이 붉어졌다.

사실 그 며칠 전 한국 지인이 전화로 내게 하소연을 했다. 열심히 준비해온 한·일 교류 행사가 취소됐다는 것이다. 억울하지만 주변 한국 사람에게는 말할 수가 없다고 토로했다.

한·일 관계라고 해도 정치와 문화는 별개라고 생각했다. 양국의 정치가들은 국민에게 지지와 인기를 얻기 위해 퍼포먼스도 할 수 있고, 어쩔 수 없는 선택도 할 수밖에 없다고 이해했다. 그런 만큼 민간인으로서 정치 상황에 아랑곳하지 않고 더욱 문화 교류에 힘을 써왔다. 그러나 나를 포함한 주변의 그런 사람들이 이번 불매 운동으로 큰 타격을 입었다.

내가 일본에서 경험한 불매 운동은 아사히신문 본사 앞에서 벌어지는 아사히신문 구독 불매 운동 정도가 전부였다. 몇 명이 모여서 본사 앞에서 아사히신문을 구독하지 말라며 호소하는 것이다. 그 이유를 들어보면 위안부 문제에 대한 '날조' 보도 때문에 그렇다는 것이다. 날조한 게 아닌데 그들은 그렇게 주장하며 불매 운동을 했다. 지나다닐 때마다 불쾌한 기분이 들었지만, 일종의 '헤이트 스피치(특정 집단에 대한 혐오 발언)' 같은 것으로 생각하고 그냥 넘겼다. 그러나 이번엔 일본에 원인이 있고 한국에서 벌어지는 불매 운동인 데다 한국의 국민적 참여 분위기여서 마음이 여간 무거운 게 아니다.

한국에 사는 일본 사람 중에는 이 문제를 심각하게 생각하고 성명을 발표한 사람도 있다. 한국인과 결혼해서 한국에 22년째 살고 있는 일본 여성 미야우치 아키오 씨는 7월 '한·일 역사 문제 해결, 소수자로 양국에 사는 한반도 및 일본계 주민의 삶과 안전 지키기를 호소하는 글'을 발표했다. 그녀는 구리시에 살며 주변 일본 출신 어머니들과 함께 2015년에 '구리역사동아리'를 만들어 한·일 역사를 공부하는 모임도 하고 있다. 전 아사히신문 기자로 위안부 문제에 관한 보도를 한 것 때문에 '날조' 기자로 불린 우에무라 다카시 현 가톨릭대 초빙교수를 초청해서 강연을 듣기도 했다. 일본 출신 어머니들이 이렇게까지 한·일 역사를 배우려 하는 건 아이들의 미래를 생각해서 한·일 우호 관계를 바라기 때문이다.

성명은 주로 일본 정부에 대한 것으로, 일부 소개하면 "몇 년 전부터 일본에서는 아베 정권 아래 우경화가 진행돼, 역사 왜곡이 반복돼왔다. 그런 일본의 정세는 한국에 살며, 한국과 일본의 우호 관계를 원하는 우리의 바람과 정반대 방향으로 가는 것"이라는 내용이다.

타이틀에 '양국에 사는', '한반도 및 일본계 주민'이라는 말이 나오는데, 한국 거주 일본 사람뿐만 아니라 일본에 거주하는 이른바 재일코리안도 비슷한 입장이기 때문이다. 한·일 관계가 나빠질 때마다 입장이 곤란해지는 사람들이다.

한·일 교류에 힘을 써온 사람들 중에 재일코리안도 꽤 많다. 양국 정부는 이런 사람들을 소중히 여겨야 할 것이다. 불매운동이 누구를 위한 것인지 냉정하게 생각해볼 필요가 있다.

한국의 불매 운동으로 인해 일본의 혐한 감정이 강해진다면 제일 좋아할 사람은 아베 총리가 아닐까.

일본 사람은
나비 배지를 달면 안 되나

 어느 날 뜬금없이 방송국에서 전화가 왔다. "tvN 〈외계통신〉이라는 외국인 토론 프로그램 출연에 대해 상의하고 싶다"고 했다. 일반적으로 일본에서는 휴대전화 번호는 개인 정보라 누군가에게 타인의 번호를 알릴 때 반드시 본인의 허락을 받아야 한다. 어떻게 연락처를 알았는지 의문이 들었지만, 우선 프로그램을 보고 연락한다고 했다. 파일럿 프로그램으로 시험 삼아 몇 번 방송한 다음 정규 방송으로 편성되는 타이밍에 내게 출연 제의가 온 것이다.
 외국인 토론 프로그램으로는 그 당시 JTBC의 〈비정상회담〉이 제일 유명했다. 〈외계통신〉은 좀 더 교양 프로그램에 가까

워 보였고, 각국의 기자들이 모여 한 주제를 두고 여러 각도에서 깊이 있게 이야기하는 프로그램 같았다. 방송 출연도 그렇고 각국의 기자들과의 토론도 재미있을 것 같아 해보기로 결심했다.

처음 프로듀서와 작가를 만나 이야기를 나눴는데 파일럿 방송에서는 일본 기자가 없어서 아쉬웠다고 했다. 8월에는 '과거사'를 주제로 방송이 예정돼 있고, 위안부 문제 등 한·일 간의 문제가 중심이 될 거라는 등의 이야기를 들었다. 그때 어떻게 나를 섭외하게 됐는지 물었더니, 어떤 시청자가 〈외계통신〉 트위터에 '이런 일본 사람도 있다'며 내 기사와 함께 섭외 제안을 했다는 것이다. 모르는 곳에서 내 기사를 읽고 응원해주는 사람이 있다는 건 정말 기분 좋은 일이다.

첫 녹화를 앞두고 출연자들이 모여서 회식을 했다. 거기서 나는 신화의 김동완 씨를 처음 봤다. 파일럿 방송 때는 출연하지 않아 김동완 씨가 올 거라고는 전혀 예상치 못했다. 얼굴을 본 순간 '어디서 많이 본 것 같은데……' 생각하며 "어느 나라에서 오셨어요?"라고 물었다. 나와 같은 외국인 기자 중 한 명이라고 착각한 것이다. 그 자리에 있던 사람들이 "일본 사람이 김동완 씨를 모른다고?"라며 놀라워했다. 사실은 우리 이모가 신화 왕팬이다. 맨날 "동완! 동완" 하면서 사진이나 영상을 보여쭸었는데, 그를 알아보지 못한 내 자신에게 나도 놀랐다. 무엇보다 김동완 씨에게 미안했다.

녹화를 시작한 건 2018년 7월이었고 연속 8회 출연이었다. 때마침 대학원도 방학이었다. 처음에는 일주일에 한 번이라 가볍게 생각했는데, 녹화를 하다 보니 방학이 아니었다면 불가능한 일이라는 걸 깨닫게 됐다.

녹화는 오전 10시부터 진행됐다. 그러나 방송국에 들어가는 시간은 7시 반이었기에 매주 새벽 5시 반에 일어나 일산 집에서 상암동 방송국까지 차를 몰고 갔다. 메이크업에만 1시간 이상이 걸렸다. 평소 화장을 연하게 하는 편인데 방송 메이크업은 이 이상 진하게 할 수 없을 만큼 짙었다. 오죽했으면 주변 지인들 중에 내가 방송에 출연했는지도 모르는 사람들이 많았을까.

메이크업 후 녹화가 시작할 때까지 대본을 보면서 연습했다. 그러나 녹화가 시작되면 대본대로 흘러가지 않았다. 모두 그때그때 생각나는 대로 발언했기 때문에 원래 내 차례임에도 발언의 타이밍을 놓칠 때가 많았다. 더 적극적으로 참여해 달라는 작가의 부탁도 있었지만 내게는 어려운 일이었다. 발언의 기회를 서로 양보하는 일본 습관에 익숙해서 그런지 누군가가 이야기하는 중간에 끼어드는 것을 잘하지 못했다. 방송은 1시간인데 실제 토론은 점심시간을 포함해 5시간 정도 진행됐다. 끝나고 나면 너무 지쳐 쓰러질 지경이 됐다. 언젠가는 녹화가 끝나고 시간이 없어 화장도 안 지우고 그대로 약속된 술자리에 갔는데 친구들이 "누구세요?"라며 놀려댔다.

8회 중 내 발언이 가장 많이 나온 건 역시 '과거사' 주제의 방송이었다. 방송은 광복절 즈음이었다. 방송 출연뿐만 아니라 대본을 만드는 작업에도 매번 참여했다. 우선 매회 주제와 관련된 질의가 메일로 오면 답을 했고, 또 작가가 흥미롭다고 느낀 부분을 위주로 더 자세한 내용을 묻거나 근거가 될 만한 자료를 요청하기도 했다. 토론은 한국어로 진행되는데 내게는 어쨌든 외국어다 보니 그 뜻을 잘 이해하고 숙지하기 위해 매주 주제에 맞게 한국어로 된 책이나 기사를 찾아 읽는 노력도 했다.

특히 '과거사'는 민감한 주제기 때문에 최대한 준비를 하고 갔다. 위안부 문제에 관한 이야기가 중심이 됐다. 나는 이 문제가 한·일 간의 대립의 원인이 돼온 것을 안타깝게 생각하고 있다. 한편으로 양국의 정치가들이 너무 정치적으로 이용하는 건 아닌가 하는 생각도 한다. 성폭력의 문제로 생각하면 모두가 공유할 수 있는 일이고, 다시는 이런 천인공노할 일이 일어나지 않도록 노력하는 방향으로 연대할 수 있지 않을까 싶다.

출연 전에 작가에게 과거사와 관련된 소품을 가지고 와달라는 요청을 받았다. 나는 위안부 피해자 할머니들을 기리는 나비 배지를 달면 어떠냐고 제안했다. 그러자 작가가 이렇게 말했다. "그건 한국 사람이 하는 거고, 아야 씨는 일본 사람이니 원자 폭탄에 관련된 뭔가가 없을까요?" 솔직히 원폭 관련 소품이 생각나지도 않았지만, 일본 사람이라서 나비 배지를 달면 안 되는 것도 이해가 안 갔다. 그래서 평소 알고 있었던 나눔의 집에 연락해서 배지를 받아 녹화 당일에 달고 갔다.

따지고 보면 원폭 피해도 일본 대 미국의 문제가 아니다. 평화와 핵무기의 문제로 전 세계가 공유하고 같이 생각해야 하는 문제인 것이다. 과거사 또한 한국과 일본의 국민들이 공유하고 같이 생각하면 얼마든지 좋게 풀 수 있다고 믿고 있다. 그 과정에 내가 조금이라도 도움이 됐으면 좋겠다.

외모지상주의의 나라,
한국에서 살다 보니

얼마 전 사주 카페에 갔을 때 내가 자리에 앉자마자 사주를 봐주는 사람이 이렇게 말했다.

"왜 이렇게 점을 많이 붙이고 다니는 거예요?"

나는 깜짝 놀랐다. '나는 붙인 적 없는데…….' 한국에서는 점을 빼는 것이 당연한 듯 보였다.

한국에서 살다 보면 주변 사람들에게 외모에 대한 지적을 받을 때가 많다. "오늘 피곤해 보이네?", "살이 좀 찐 것 같다?"는 말을 일상적으로 듣는다. 관심을 가지고 있다는 친근한 표현이라는 것을 알고 있다. 그러나 일본에서는 가족이나 아주 친한 친구가 아니면 외모에 대해 뭐라고 하는 사람은 별로 없다. 실례가 될 수도 있기 때문이다.

내가 한국에서 가장 많이 듣는 말은 "점이 많다"는 것이다. 얼굴에 점이 많은 건 어렸을 때부터 잘 알고 있었지만 최근까지 뺀 적이 없었다. 초등학생 때 친구한테 가벼운 놀림을 당한 적은 있어도 성인이 돼서 아무도 점에 대해 뭐라고 한 적은 없었다. 적어도 한국에 오기 전까지는 말이다. 한국은 초면에도 "여기랑 여기는 빼는 게 좋겠다"고 진지하게 충고해주는 사람이 많았다. 몇 번 듣다 보면 '빼야 되나?'라는 생각이 저절로 들게 된다.

때마침 인천에서 의료 관광 체험 취재를 하게 됐는데 뭘 해보고 싶냐 묻길래 "얼굴의 점을 빼고 싶다"고 말했다. 점을 빼면 아물 때까지 살색 스티커 같은 것을 붙여야 하는데, 얼굴에 난 점을 다 빼면 얼굴 전체에 그 스티커를 온통 붙이고 다녀야 할 것 같아 몇 개만 빼달라고 했다. 인터뷰나 강연 등 사람들 앞에 서는 일이 많아서였다. 그 결과 의료 관광 체험을 했다거나 점을 뺐다는 이야기를 안 했는데도 친구들이 나를 보고 "예뻐진 것 같다"고 했다. 기분이 좋긴 했다.

한국에서 살기 때문에 평소에는 주로 한국 드라마나 영화를 보지만, 어쩌다 가끔 일본 드라마나 영화를 볼 때가 있다. 그럴 때면 그렇게 잘생기고 예쁜 배우들인데도 얼굴의 점이 눈에 띄었다. 일본에 있을 때는 전혀 인식하지 못했던 일이다. 점이 거의 없는 한국 배우들의 얼굴에 익숙해지다 보니 일본 배우들의 점이 보이기 시작한 것이다.

물론 일본 사람들도 외모에 신경을 쓰지 않는 건 아니다. 다만 한국의 '외모지상주의'와는 수준이 다르다. 특히 성형에 대해서는 거부감이 있는 사람도 많다. 그런데 최근의 젊은 세대는 조금 다르다고 한다. K팝 팬들이 많아 아이돌 메이크업이나 패션을 따라 하는 경우가 많은데 성형도 그렇다는 것이다. 일본에서 한국으로 성형을 하러 오는 젊은 사람들이 늘어났다고 한다.

인천관광공사가 의료 관광을 홍보하고자 내게 체험 취재를 의뢰한 것도 이런 배경 때문이다. '미용' 목적으로 한국을 찾는 일본 사람들은 대부분 서울의 강남으로 간다. 그 일부라도 공항에서 가까운 인천으로 왔으면 좋겠다는 의도였다.

같은 미美를 추구함에 있어 한국과 일본이 조금 다른 것 같다. 일본은 자기만족이 목적이라면 한국은 주변의 시선을 많이 고려한다고 해야 하나. 다시 말하면, 내가 예뻐지면 그것만으로 족하다는 것과 주변 사람들에게 예쁘게 보이고 싶다는 것의 차이 같은 것이다. 물론 두 가지 바람이 섞여 있겠지만 한국에서는 후자가 좀 더 강한 것 같다.

'외모지상주의'와 조금 다른 이야기일 수도 있지만 자동차를 타는 데 있어서도 비슷한 면이 있는 것 같다. 최근 한국의 모 대학에 근무하는 일본인 교수의 차를 탔다. 이탈리아 차인 피아트를 본 순간 나는 나도 모르게 "귀엽다"고 했다. 내가 타 보고 싶었던 차기도 했다. 그 교수는 만족스러운 표정을 지으며 "그런데 한국 사람들은 교수가 이런 작은 차를 타면 안 된다고 하던데……"라고 했다.

한국에서는 회장이 타는 차, 사장이 타는 차 등 사회적 위치에 따라 타는 차가 어느 정도 정해져 있다고 한다. 대기업 회장이나 사장은 어느 정도 이해할 수 있는 측면이 있다. 그런데 일본에서는 대학 교수가 무슨 차를 타든 사람들이 신경 쓰지 않는다. 대학에 경차를 타고 다니는 교수는 아주 흔하다.

차로 사람을 판단하는 것도 일종의 '외모지상주의' 같은 것이라고 생각한다. 일본에서는 경차의 종류도 많고 타고 다니는 사람도 많다. 그런데 한국은 그렇지 않은 것 같다. 경차를 타지 않는 이유 중 하나가 사고 시 위험하다는 건데, 이것은 일본도 마찬가지 아닐까. 고속도로를 타고 장거리를 가는 게 아니라면 연비도 좋고 아주 실용적인 차가 경차다. 그럼에도 한국에서 일본만큼 경차가 보급되지 않은 건 실용성보다는 보여주는 자기과시가 앞서서 그런 것 같다.

한국에서 살다 보니 나도 모르는 사이에 '외모지상주의'에 적응하게 됐다. 점을 빼고 일본에 잠시 귀국했을 때 엄마는 나를 보고 아무 말도 하지 않았다. 내 얼굴에 점이 많든 적든 그다지 관심이 없는 것이다. 그게 당연하고 편했던 나였는데 괜히 서운했다.

"나 예뻐지지 않았어?" 엄마에게 묻고 싶었다.

동국대학에서의
재일코리안 영화제

"동국대학에서 '재일코리안 영화제'를 개최하는데 보러 오세요."

만나는 사람마다 이렇게 홍보하고 다녔다. 어떤 사람은 "재일코리안이 뭐지? 롯데 경영자 같은 사람인가?"라고 물었다. 맞긴 맞다. 그런데 새삼 한국에서 '재일코리안'에 대해 잘 모르는 사람이 많다는 것을 느꼈다.

재일코리안이라는 호칭이 익숙하지 않기 때문일 수도 있다. 연구자 사이에서는 '재일조선인'이라고 할 때가 많고 한국 언론 매체에서는 '재일한국인'이라고 하는 게 일반적인 듯하다. 재일조선인은 주로 1945년 해방 전에 조선에서 일본으로 건

너간 사람들과 그 후손들을 가리키는 말이다. 남한과 북한이 나눠지기 전이기 때문에 '조선'이 북한을 뜻하는 건 아니다.

내가 소속된 동국대학 일본학연구소에서는 재일코리안 관련 연구 프로젝트를 진행 중이다. 나는 거기서 주로 영화·연극 분야를 담당하고 있다. 그 일환으로 연구소가 주최하는 '재일코리안 영화제'를 개최하고, 재일코리안이 등장하는 4편의 영화를 상영했다.

첫째 날은 두 편 다 오시마 나기사 감독의 〈돌아온 주정뱅이〉와 〈교사형〉, 둘째 날은 이즈쓰 가즈유키 감독의 〈박치기!〉와 최양일 감독의 〈달은 어디에 떠 있는가〉를 상영했다. 〈박치기!〉와 〈달은 어디에 떠 있는가〉를 제작한 재일코리안 리봉우 프로듀서가 영화제 참석 차 일본에서 건너와 대담에 참여했다.

리봉우 씨는 영화광인 나에게는 동경의 대상이었다. 〈달은 어디에 떠 있는가〉는 내가 처음으로 '영화가 좋다'고 자각한 영화였다. 물론 그 당시에는 제작자가 누군지 몰랐다.

아사히신문 기자가 된 다음 〈박치기!〉의 촬영 장소인 교토의 영화관 '기온회관'을 취재할 때 리봉우 씨를 직접 만나 인터뷰했다. 인터뷰하기 위해서 리봉우 씨에 대해 알아보다가 내가 영향을 받은 많은 영화가 리봉우 씨가 대표였던 회사 '시네콰논' 제작이거나 배급이라는 사실을 알았다.

〈박치기!〉에 나오는 이야기의 많은 부분이 리봉우 씨 본인이나 친구들의 경험담이다. 리봉우 씨는 〈박치기!〉의 주인공처럼 교토에서 조선학교를 다녔다. 몇 번을 봐도 눈물이 날 수밖에 없는 장면이 재일코리안 고등학생 친구의 장례식 장면이다. 현관문이 너무 작아서 관이 안 들어가자 주인공이 울면서 문을 부순다. 이것도 리봉우 씨가 직접 경험한 이야기다. 근위축증 때문에 18세에 죽은 형의 장례식 때였다. 평소 얌전한 아버지가 미친 듯 도끼로 현관을 부수기 시작했다고 한다. 리봉우 씨는 "어린 나이 때 겪었던 일이라 잊힐 줄 알았는데, 지금도 그때 꿈을 꾼다"고 했다. 장래 희망을 가질 수 없을 정도로 가난한 그에게 현실에서 잠시 벗어날 수 있게 해준 곳이 기온회관이었다.

일본의 한국 영화 팬이라면 시네콰논을 모르는 사람이 없다. 〈서편제〉, 〈쉬리〉, 〈JSA〉 등 한류 붐이 있기 전부터 일본에서 한국 영화를 배급했고, 한류 붐이 일고 나서도 〈살인의 추억〉 등 훌륭한 작품들을 배급한 회사가 시네콰논이다.

한국 영화인 중에는 리봉우 씨를 아는 사람이 많지만 한국의 일반 사람들은 잘 모르기에 그를 소개하고 싶었다. 그런 나의 꿈이 이번 재일코리안 영화제로 이뤄졌다.

한·일 관계 악화는 영화계에도 큰 영향을 미치고 있다. 일본 영화 전문 배급사 한국인 대표는 "몇 편 이미 사놨던 일본 영화들이 하나도 개봉을 못 하고 있어 너무 힘들다"고 이야기하며 울상이 됐다. 한·일 합작 영화를 제작하려고 준비 중이었던 일본인 프로듀서도 "한국 측 지원이 끊겨 멈춘 상태"라고 했다. 리봉우 씨 같은 사람이 한·일 간을 왔다 갔다 하면서 개척해온 한·일 간의 영화 교류가 정치적인 이유로 큰 타격을 입고 있는 현실이 안타깝다.

리봉우 씨의 이야기를 들으면서 든 생각은 지금까지 그가 겪은 모든 과정이 역경의 연속이었다는 점이다. 그럼에도 역경을 역경으로 생각하지 않고 자신이 할 수 있는 모든 일을 했을 뿐이라는 그 정신은 재일코리안의 역사가 만들어낸 거라는 생각이 들었다. 힘든 순간에도 포기하지 않는 그 정신에 많은 용기를 얻은 것은 나뿐만이 아닐 것이다.

'제멋대로 한국홍보과'
활동을 시작하며

  수출 규제 이후 한·일 관계가 악화되고 한·일 교류 행사도 잇따라 취소됐다. 대부분 지자체가 주최하는 행사였고 한국 측에서 취소하는 경우가 많았다. 나를 포함해서 한·일 교류에 힘을 써온 사람들은 크게 실망했다.

  그렇다고 실망만 하고 있을 순 없었다. 마침 인천 홍보 관련 일을 하는 한국 지인이 "민간의 힘으로 뭔가 해보자"고 연락해왔다. 그렇게 뜻을 같이하는 한국 사람 2명, 일본 사람 2명이 모여서 '제멋대로 한국홍보과'를 만들었다. 지자체의 예산에 의지하지 않고 시민의 기부금으로 활동하고자 크라우드펀딩을 시도했다.

구체적으로 활동을 소개하면, 일본 전국 47도도부현都道府県을 돌며 한국 지방의 매력을 소개하는 행사 'DOKOIKU?(어디가?)'를 개최하는 것이다. 멤버 중 나와 박수진 기자는 2018년부터 영화제와 영화 촬영지를 돌며 여행기를 써왔다. 내가 영화 관련 부분, 박수진 기자가 음식 관련 부분을 담당해서 이미 군산, 전주, 제천, 부산, 대전, 인천에 대해 썼다. 계속해서 지방을 여행하며 영화와 음식 기사를 써나갈 생각이다. 이것만 해도 일본에 소개하고 싶은 이야기는 무궁무진하다. 나머지 2명의 멤버는 인천과 경기도를 중심으로 홍보 활동을 해온 사람들이다.

두 달에 한 번 두 군데씩 갈 예정이니, 1년에 12곳인 셈이다. 47도도부현을 모두 가려면 4년이 걸린다. 그래도 모두 갈 생각이다. 지금까지 한국 관련 홍보 행사는 도쿄나 오사카 같은 대도시에서만 열려 지방에 사는 사람들은 참가하기 어려웠다. 물론 이런 공식적 이유가 먼저긴 하지만, 나를 포함해서 멤버들이 '가보고 싶다'는 것도 이유 중 하나다. 일본 사람도 죽을 때까지 47도도부현 모두 가볼 수 있는 사람은 많지 않다.

크라우드펀딩은 5일 만에 목표 금액 25만 엔을 달성했다. 뜨거운 반응에 멤버 모두가 깜짝 놀랐다. 목표 금액을 더 올릴 걸 그랬다는 후회 아닌 후회도 하면서……. 어쨌든 한·일 관계는 안 좋아도, 어쩌면 안 좋아서 응원해주는 사람들이 더 많은지도 모르지만, "취지가 좋다"고 한 번에 몇 만엔 기부해준 사람도 여러 명 있었다.

한편 일본 전국을 돌면서 알게 되는 일본 지방의 매력도 한국에 소개하려고 한다. 한국에서 행사를 여는 것도 생각 중이다. 그래서 우선 여행 잡지에 기사를 써볼까 생각하고, 나와 박수진 기자가 영화와 음식에 관한 기사를 쓰는 잡지 〈트래비〉에 제안해봤더니 "아직 일본 기사는 실리기 어려우니 조금만 더 상황을 지켜보자"고 했다.

한·일 간을 매달 왔다 갔다 하는 내가 느끼기에 한국 사람들이 일본 여행을 다시 시작한 것 같다. 눈치 때문에 SNS에 올리지 않는 것뿐이다. 하지만 여행 잡지로서는 여론을 생각해서 신중할 수밖에 없는 듯했다. 언제 잡지에 실릴지는 모르겠지만 그래도 취재는 해놓을 생각이다.

이번 행사 장소는 도쿄와 가나가와다. 가나가와의 중심 도시는 요코하마지만 이번엔 쇼난으로 가려고 한다. 우리 멤버 중에 쇼난에 사는 멤버가 있어서다. 대도시뿐만 아니라 지방에 적극적으로 가겠다는 콘셉트지만, 직접 아는 사람이 없는 지방에 가는 건 좀 어렵긴 하다. 그래서 지방에 있는 지인들에게 연락하기 시작했다. 내가 직접 아는 사람이 많은 지방은 초등학생 때부터 10년 정도 살았던 고치와 대학을 다닌 고베, 아사히신문 기자로 근무한 나라, 그리고 도야마 정도다. 비록 일 때문이었지만 오랜만에 소식을 주고받는 것도 즐거웠다.

고치에는 아버지와 오빠가 있어서 새해 인사도 할 겸해서 갔다. 아버지는 내가 '제멋대로 한국홍보과'를 시작한 것을 알고 지인 15명 정도를 불러서 대화하는 시간을 만들어줬다. 그 중에는 이미 크라우드펀딩을 통해 기부해준 사람도 있었다. 지방 신문사 기자도 와서 취재하고 기사를 써줬다. 빨리 고치에서 행사를 열고 싶었다. 아무 준비도 안 하고 갔는데 사람들의 질문에 답하는 걸로 시간이 금방 가버렸다. 그날은 마침 영화 〈기생충〉이 고치에서 개봉하기 전날이었다. 한국 영화에 대한 질문이 많이 나온 것도 반가웠다. 특히 〈택시운전사〉나 〈1987〉 같은 영화에 감명을 받았다며, "촛불로 정권을 무너뜨리는 한국 시민들의 에너지가 대단하다"고 여러 사람이 이야기했다. 내가 고치에 살던 1990년대에는 한국 영화를 상영하는 걸 본 적이 없었다. 그만큼 한국에 관심이 있는 사람도 없었다.

역시 문화다. 문화로 국경을 넘어 소통할 수 있다는 확신을 갖게 된 고치에서의 짧은 만남이었다.

가까운 나라끼리
더 가까워지기를

2019년 9월 1일 코엑스에서 열린 '한일축제한마당'에서 가장 눈에 띈 건 '함께 이어가요. 우정을 미래로'라고 적혀 있는 현수막이었다. 가까이 있던 스태프가 "한마디 쓰라"며 포스트잇과 펜을 줬다. 자세히 보니 현수막엔 많은 포스트잇이 붙어 있었다. 일본어로 '日韓友達(일한 친구)', 'ずーっと仲良く!(쭉 사이좋게!)', 한국어로 '가까운 나라가 더욱 가까워지기를 바랍니다', '한·일 관계가 다시 나아지기를……!' 등등이 적혀 있었다. 한·일 양국의 시민들이 서로 친하게 지내자고 쓴 메시지들이었다.

7월 이후 한·일 관계가 악화되면서 취소되는 양국의 교류 행사가 많은 가운데서도 15번째를 맞이한 한일축제한마당은 예정대로 진행됐다. 행사장이 텅텅 비어 있을지도 모른다는 예상과는 달리 많은 사람들이 와 있었다.

일본 지자체나 기업들이 있는 부스를 찾은 참가자들은 그 지방을 소개하는 팸플릿과 특산품을 선물 받거나 문화 체험을 하며 즐거워했다. 행사장 한가운데에 설치된 큰 무대에서는 노래나 전통 예능 등 한·일 양국의 여러 공연이 펼쳐졌다. 특히 많은 사람들이 줄을 서 있던 곳은 니혼슈日本酒 시음 코너였다. 기모노나 유카타 등 일본 전통의상을 입어보고 기념 촬영을 하는 사람들도 많이 보였다. 언론 보도만 보면 시민들끼리 교류하는 것도 눈치가 보일 정도로 한·일 관계가 최악으로 치닫는 듯하지만, 실제로는 그 정도까지는 아니라는 것을 느꼈다.

2019년 9월에 요코하마시립대학 학생들의 서울 연수가 예정돼 있었고, 그때 나도 돕기로 했었다. 그래서 8월초 요코하마시립대학 교수와 서울에서 만났다. 교수의 표정이 매우 어두웠다. "연수를 취소해야 하는 거 아닌가 싶어서……"라며 말을 채 끝맺지 못했다. 학부모에게서 "아이를 지금 한국에 보내는 건 무섭다"는 전화를 몇 통 받았다는 것이다. 일본에서는 한국에서 벌어지고 있는 일본 상품 불매 운동이나 '노 재팬'

시위가 연일 보도되면서 한국에 가는 건 위험하다고 생각하는 사람들이 늘어나고 있다. 부모가 못 보내겠다는 학생은 어쩔 수 없더라도 참여하고자 하는 학생만이라도 오면 된다고 생각했는데, 연수를 진행하기로 한 한국 쪽 기관에서 한·일 관계를 이유로 거절했다고 한다. 교수는 거의 울 것 같은 표정이었다.

한국에 사는 사람으로서 생각할 때 일본 학생들이 연수받으러 한국에 와서 실제로 위험한 일을 겪을 가능성은 아주 희박하다. 어쩌면 식당에서 일본어로 이야기하다가 싫은 표정을 짓는 사람을 만나는 정도일 것이다. 그 정도는 오히려 경험할 만하다고 생각했다. 그 학생들은 '다문화 공생'이 주제인 세미나를 듣는 학생들이라고 했다. 나는 교수한테 자신 있게 말했다. "다문화를 배우기엔 딱 좋은 시기입니다. 대학에서 가지 말라고 하지 않는 이상 포기하지 마세요. 연수받을 만한 곳은 많습니다."

이럴 때일수록 민간 교류는 계속해야 한다고 생각했다. 이를 계기로 내가 소속된 동국대학 일본학연구소에서 일본 학생들 연수 프로그램을 진행하게 됐다. 교수는 "그나마 대학 안에 있는 것이 더 안전할 것 같다"고 안심했다. 갑작스러운 제안에도 연구소에서 한·일 관계를 언급하며 반대하는 사람은 아무도 없었다. 오히려 소장은 "일부러 일본에서 찾아와줘서 교류할 수 있다니 대환영"이라고 했다. 요코하마시는 일본에서도 다문화 공생 정책을 선구적으로 해온 것으로 알려져 있다. 일본 학생들에게 요코하마시 다문화 공생 정책에 대해 발표해달라는 부탁도 했다.

한·일 관계의 악화에 따라 취소된 교류는 국가나 지자체 관련 행사들이 많다. 내 주변 사람들도 오래 준비해왔다가 갑자기 취소돼서 한숨을 쉬는 사람들이 적지 않다. 그렇다고 한·일 관계가 좋아지기만을 마냥 기다리고 있을 수만은 없다. 할 수 있으면 뭐라도 해야 한다. 특히 민간 교류는 끊임없이 이어져야 한다고 생각한다.

한·일 관계가 정치적으로는 악화돼도 서로의 손을 놓지 않으려고 노력하는 일반 시민들은 양국에 많다. 양국에 이런 시민들이 늘어나면 정치적인 한·일 관계도 조금씩 좋아지지 않을까 내심 기대해본다.

한자를 바라보는
한국과 일본의 시선 차이

내가 처음 한국어에 관심을 가진 것은 1994년 여름이었다. 엄마, 오빠와 함께 처음으로 한국을 방문했다. 제주, 경주, 서울을 일주일 여행하는 일정이었다. 그런데 오빠가 배가 아프다고 해서 서울에 도착하자마자 병원에 갔더니 맹장 수술을 해야 한다고 했다. 일본에 돌아가서 수술을 받기엔 이미 늦었다고 해서 바로 서울에 있는 병원에 입원했다. 엄마는 오빠밖에 안 보이는 상황이어서 나는 혼자 병원 여기저기를 구경하며 지내게 됐다. 그때 나랑 놀아준 것이 간호사 언니들이었다. 그 당시 나는 한국어를 하나도 못 했지만 간호사 언니들과 필담으로 대화를 나눌 수 있었다. 한자를 쓰면서 이 한자는 한국어로 어떻게 발음하는지, 또 일본어로는 어떻게 발음하는지를 서로 가르쳐줬다. 언젠가 한국어를 제대로 배워보고 싶다는 생각을 막연히 하게 된 계기였다. 대학에 입학하고 나서 1년을 휴학한 다음 고려대 어학당으로 어학연수를 온 것이 2002년이었다. 그때부터 지금껏 한국어를 공부하고 있다.

1994년 한국에 있을 때 북한의 김일성 주석이 사망했다. 나는 그 당시 김일성에 대해 아는 게 없었지만 뭔가 큰일이 일어난 것은 한국 신문을 보고 알았다. 한자로 '金日成'이라고 크게 나왔던 게 기억난다.

이 두 가지 경험으로 나는 '한국도 일본과 똑같이 한자를 쓰는 나라'라는 이미지를 갖고 있었다. 그런데 2002년에 유학을 왔을 때는 신문에서 한자가 없어졌고, 한국의 젊은 세대는 한자를 잘 모른다는 것을 알았다. 한자를 알면 일본어나 중국어를 배우는 데 도움이 될 뿐만 아니라, 한국어 자체가 한자로 만들어진 단어들이 많아 한자를 알아야 그 정확한 뜻을 이해할 수 있다고 생각했다. 그런데 왜 안 쓰게 됐을까? 그 의문에 대해 최근에 다시 생각할 기회가 있었다.

경주에서 열린 '제5회 세계한글작가대회'에 초대를 받았다. 경주에서 열린다는 말을 듣자마자 참석하겠다고 대답했지만, 외국인인 내가 한글 전문가들 앞에서 무슨 이야기를 해야 할지 고민하게 됐다. 다행히 주최 측에서 영화 〈말모이〉와 〈나랏말싸미〉에 대해 이야기하면 어떻겠냐는 제안을 해왔다. 두 편 다 한글에 관한 영화며 개인적으로도 재미있게 본 영화였다.

〈말모이〉는 조선어 사용이 금지되고 일본어 사용을 강요받은 1940년대를 배경으로 조선어사전을 만드는 데 힘을 합친 조선어학회 사람들과 서민들의 이야기다. 한편 〈나랏말싸미〉는 한글을 만든 세종대왕과 스님들의 이야기다. 둘 다 역사적 사실을 소재로 했으나 영화적 픽션을 가미한 부분도 많았다.

나 같은 외국 사람은 어디서 어디까지가 역사적 사실에 근거하는지 알 수 없어서 발표 준비를 하면서 알아볼 필요가 있었다. 〈나랏말싸미〉는 "훈민정음은 완성 시점에 대한 기록만 있을 뿐 언제, 어떻게 시작됐다는 기록은 없다. 세종대왕이 훈민정음을 창제한 순간이 위대한 이유와 그 과정을 구체적으로 그려보고 싶었다"는 조철현 감독의 말처럼 기록에는 없지만 이렇게 만들어진 것은 아닐까 하는 하나의 가능성을 보여준 영화다.

한편 〈말모이〉에서 유해진 씨가 연기하는 김판수는 가공의 인물이지만 조선어학회는 실제로 있었고, 1942년 일제가 조선어학회 회원 및 관련 인물을 검거해 재판에 회부한 사건도 있었다.

그런데 나는 이 한글에 대한 두 영화를 보며 발표 준비를 하다가 한자에 대해 생각하게 됐다. 계기가 된 장면은 두 가지였다. 〈나랏말싸미〉에서 송강호 씨가 연기하는 세종대왕이 한자로 쓰인 책을 버리면서 "백성들에게 전달되지 않는다"고 하는 장면이 나오는데, 이것은 한자는 백성들이 배우기엔 어렵고 백성들을 위한 글자로 한글을 만들어야 한다고 강조하는 대목이다. 영화에서는 한자를 쓰는 유학자들이 한글을 만들려는 세종대왕과 대립한다. 또 하나는 〈말모이〉에서 김판수가 영화관의 간판이 '大東亜劇場'으로 바뀌는 걸 보고 한숨 쉬는 장면이다. 한글이 아닌 한자로 된 간판이었던 것이다.

일본도 한국과 마찬가지로 한자만 쓰고 있었다. 그러다가 한자에서 나온 글자가 히라가나, 가타카나다. 이것은 세종대왕이 한글을 만든 것처럼 과학적으로 만든 것이 아니라 자연스럽게 만들어진 글자였기 때문에 언제 누가 만들었는지 알 수 없다. 대충 9세기쯤에 쓰기 시작했다고 한다.

일본에서는 히라가나, 가타카나를 쓰기 시작한 후에도 지금까지 한자를 쓰고 있다. 그리고 한자가 중국에서 온 것은 누구나 아는 사실이지만 그렇다고 한자가 일본어가 아니라고 생각하는 사람은 없다. 한자도 일본어의 일부라고 생각하는 것이다.

한자에 대한 시선 차이는 한국어를 '우리말'이라고 부르는 문화, 그리고 일제강점기에 일본어를 강요당한 경험 때문이 아닐까 싶다. 두 영화를 보며 생각한 이런 이야기를 '세계한글작가대회'에서 발표했다. 일본인이 이런 이야기를 하는 것은 조심스러웠지만 발표가 끝나자 "나도 한자가 당연히 한국어의 일부라고 생각한다. 한자를 모르면 한국어를 이해하는 데 한계가 있다"고 말을 걸어준 한국 사람도 있었다.

나도 한국 사람 못지않게 한글을 좋아한다. 하지만 '한글의 세계화'를 위해서는 "한글만이 세계에서 가장 우수한 글자"라는 주장은 도움이 되지 않는다는 게 내 생각이다. 지금 필요한 것은 한국어로서의 한자와 한글에 관한 국내외의 비판적인 시선도 함께 이야기할 수 있는 장이 아닐까 싶다.

2부

스시를 먹으며

아이돌의 차이에서 보는
한국과 일본

　지난 추석 연휴 때 일본 오사카 집에 갔다가 K팝을 사랑하는 일본 친구와 함께 한국 걸그룹 '라붐'의 행사를 보게 됐다. 집 근처 쇼핑몰에서 열리는 프로모션 행사였다. 정식으로 일본 데뷔를 앞두고 작은 무대에서 몇 곡 들려주는 것 같았다. 이미 한국에서 2014년 데뷔한 라붐의 노래와 춤은 완벽했고, 열광적인 팬들은 무대 바로 앞에서 환호성을 지르면서 응원했다. 쇼핑하러 온 사람들도 "멋지다"고 외치며 발길을 멈췄다.

　일본에선 지금 일본인 멤버들도 활약하고 있는 트와이스나 세계적으로 인기가 많은 방탄소년단 등이 이끄는 제3차 한류 붐이 일고 있다. 팬은 10대에서 20대로 젊은 세대가 대부분인데, 일본에 갈 때마다 레코드 가게의 K팝 코너가 넓어지는 게 보여서 그 열풍을 실감하고 있다.

제1차 한류 붐은 2000년대 전반에 있었다. 〈겨울연가〉를 비롯한 드라마가 중심이었고 팬은 대부분 중년 여성들이었다. 이때 '욘사마(배용준)'에 꽂힌 소위 '아줌마 부대'가 속출했다. 제2차 한류 붐은 2000년대 후반으로 동방신기, 카라, 소녀시대 등이 폭발적으로 인기를 얻었다. 2011년에는 NHK의 홍백가합전에 이 세 그룹이 출연하기도 했다. 이 시기부터 유행의 중심이 드라마에서 K팝으로 바뀌면서 팬층도 젊은 세대, 그리고 남성으로까지 확대됐다.

흔히 역사 문제 등으로 한·일 관계가 악화되면서 제2차 붐이 식어버렸다고 하지만, 사실 그 열기가 사그라진 것은 아니었다. 신문이나 지상파 방송에 안 나오게 된 것뿐이지 일본에서 열리는 공연 중 관객 수 랭킹을 보면 여전히 상위권에 빅뱅 등의 K팝 그룹이 많았다. 인터넷으로 정보를 얻어 동영상을 보고 공연장에 가는 시대가 된 것이다.

일본 아이돌 그룹 중에서 가장 큰 인기를 끌고 있는 팀은 가장 일본다운 아이돌이라는 걸 그룹 'AKB48'이다. 그룹명인 AKB는 도쿄의 '아키하바라'라는 지역을 뜻하는데, 아키하바라는 애니메이션이나 게임을 좋아하는 이들이 자주 가는 가게들이 밀집돼 있어 '오타쿠의 성지'라고 불리는 장소다. AKB48은 2005년 그 아키하바라에 전용 극장을 두고 데뷔를 해서 당시 '오타쿠가 좋아할 만한 아이돌'이라는 이미지가 강했다. 게다가 2005년은 동방신기가 일본에서 데뷔한 해기도 하다. 제2차 한류 붐 속에서 AKB48이 전국적인 인기를 얻는 데에는 시간이 좀 걸렸다. 2010년에 발매한 곡 〈헤비 로테이션Heavy Rotation〉이 큰 인기를 얻으면서 그때부터 '국민적 아이돌'이라고 불리기 시작했다. 그 후 AKB48의 자매 그룹으로 오사카 난바를 거점으로 활동하는 NMB48, 후쿠오카 하카타를 거점으로 활동하는 HKT48 등이 잇따라 등장했다. 현재 해외 멤버까지 포함해서 AKB48 그룹 전체로 보면 600명이 넘는 멤버가 소속돼 있다.

그 AKB48 그룹 멤버들이 한국 Mnet의 오디션 프로그램 〈프로듀스48〉에 참가해서 화제가 된 적이 있었다. 데뷔를 목표로 프로그램에 참가한 96명 중 39명이 AKB48 그룹 멤버였는데, 최종적으로 데뷔하게 된 12명 중 AKB48 그룹 멤버가 3명뿐이었다는 것이 조금 아쉬웠다.

사실 〈프로듀스48〉이 시작하기 전부터 한국에 거주하는 일본 친구들 사이에서 걱정하는 목소리가 많았다. AKB48 그룹 멤버들의 노래나 춤 실력으론 한국 연습생들을 못 따라갈 거라는 걱정이었다. 첫 방송에서 걱정이 현실이 됐다. 심사위원한테 "무대에 서기엔 실력이 너무 부족하다"는 지적을 받고 우는 멤버들도 있었다. 마음이 아파서 못 볼 정도였다. 한국의 시청자들은 왜 이미 데뷔해서 활동하고 있는 AKB48 그룹 멤버들이 한국의 아직 데뷔하기 전의 연습생들보다 노래나 춤 실력이 떨어지는지 의문을 가졌을 수도 있다. 타고난 능력 차이도 있겠지만 프로그램이 진행됨에 따라 점점 더 잘하는 모습을 보니 일본에서 제대로 된 교육을 못 받았다는 것을 알게 됐다.

나는 예전부터 일본 아이돌과 한국 아이돌의 차이는 팬들의 취향 차이에서 온다고 생각했다. 일본 팬들은 완벽함을 원하지 않는다. 미숙한 아이돌이 성장하는 과정을 지켜보길 좋아한다. 그래서 일본의 아이돌은 미숙한 상태로 데뷔하는 것이다. 앞으로 성장할 거라는 가능성을 일찍부터 보고 응원하는 것이 일본 팬들이 즐기는 방식이다. 특히 AKB48은 '만날 수 있는 아이돌'이라는 특징을 가지고 있어 일본 팬들을 더욱 열광하게 한다. AKB48의 팬들은 CD를 구입하면 멤버들과 악수를 할 수 있고 '총선거'의 투표권을 가질 수 있다. '총선거'는 다음에 발매될 신곡을 부를 수 있는 멤버를 팬들이 직접 투표해서 선발하는 이벤트로, 시청률이 20%를 넘은 적이 있을 만큼 주목받는 행사다. 이 선거에서 자신이 좋아하는 멤버에게 많은 표를 주고 싶으면 그만큼 CD를 많이 사면 된다. 내 주변에도 CD를 몇백 장씩 사는 팬이 있다. AKB48을 좋아하는 팬들은 그 그룹 안에서의 경쟁에 직접 참여하며 자신이 좋아하는 멤버가 성장해나가는 과정을 즐기는 것이다.

반면 한국 아이돌은 몇 년 동안 연습생으로 노래나 춤을 배워 이미 완성도가 높은 상태로 데뷔한다. 그 완벽한 노래와 춤은 인터넷을 통해 전 세계에 퍼진다. 전형적인 예가 방탄소년단이다. 한국어 가사의 뜻을 잘 몰라도 그들의 퍼포먼스는 전 세계적으로 통한다. 일본 아이돌의 판매 전략이 국내만 향하고 있다면 한국은 전 세계로 향하고 있다. 일본 인구는 약 1억 2700만 명으로 한국 인구 약 5000만 명의 2.5배긴 하지만, 이제 일본도 국내만 생각하면 되는 시대는 끝난 것 같다.

동영상이나 콘서트에서 K팝 아이돌의 수준 높은 퍼포먼스를 보고 자란 일본의 10대나 20대들은 일본의 미숙한 아이돌의 퍼포먼스에 만족하지 못한다. 일본 음악 시장에서 점점 K팝의 존재감이 커지는 상황에서 AKB48 그룹 프로듀서 아키모토 야스시는 〈프로듀스48〉에 참여해서 K팝의 힘을 빌리려고 한 것은 아니었을까.

그런데 일본 팬들의 아마추어 취향에는 역사가 있다. 예를 들어 창설 100주년을 넘은 '다카라즈카 가극단'이 그렇다. 극단원이 모두 여성이며 남성 역할도 여성이 연기하는 특수한 극단인데 여성 팬들이 엄청 많다. 본거지 효고현 다카라즈카시와 도쿄에 전용 극장을 가지고 있으며 1년 내내 공연을 하는데 티켓 구하기가 쉽지 않을 정도로 인기가 높다. 극단원은 2년제 다카라즈카 음악학교의 졸업생이며 데뷔할 때는 모두 미숙한 상태다. 팬들은 데뷔 공연부터 지켜보면서 그 성장 과정을 즐긴다. 남성 역을 맡는 톱스타를 정점으로 서열이 확실하며 그 서열에 따라 배역이 정해진다. 서열은 극단원마다 있는 팬클럽의 티켓 판매 수 등 인기를 고려해서 정해진다. 팬은 자신이 좋아하는 극단원의 서열이 올라가서 조금이라도 좋은 역할을 맡아 무대 위에서 빛나는 순간을 보고 싶어서 열심히 티켓을 사려고 한다. AKB48 그룹의 '총선거'와 비슷한 시스템이다.

  더 거슬러 올라가면 에도시대부터 유행한 스모나 가부키에도 그 원형을 볼 수 있다. 팬은 스폰서가 돼 자신이 좋아하는 스모 선수나 가부키 배우가 성장하며 순위(서열)가 올라가는 것을 보고 싶어 한다. 다양한 오락이 생긴 현재도 꾸준히 스모나 가부키가 인기를 유지하는 것은 좋아하는 선수나 배우가 은퇴해도 또 다른 선수나 배우가 나타나 성장 과정을 즐길 수 있기 때문이다. 일본에서 프로야구 못지않게 고등학교 야구가 사랑받는 것도 아마추어 취향의 하나로 보인다. '과정'을 지켜보는 것을 좋아하는 일본의 국민성으로 봐야 할 것 같다.

아이즈원 데뷔까지의 과정을 봐도 그렇다. AKB48 그룹 멤버들이 일본에서 경험해본 적 없는 엄격한 지도 아래 울면서 노래와 춤을 배우며 시청자들에게 열심히 한국어로 이야기하는 모습에 나도 응원하고 싶은 마음이 생겼다. AKB48 그룹 멤버의 일부가 과거에 야스쿠니 신사를 참배하거나 욱일기를 붙인 의상을 입은 것 때문에 한국에서 '우익'이라는 지적을 받고 있는 것은 안타깝기 그지없는 일이다. 하지만 어렵게 데뷔한 만큼, 서로 다른 취향을 가진 한국과 일본의 팬들에게 어떤 사랑을 받고 어떤 활약을 보여줄지 그 성장 과정을 따뜻한 눈으로 지켜보고 싶다.

한국의 지방에서
일본이 보이네

경주·제천·대전을 여행하며 그 지방의 문화와 음식을 즐기다 보니, 뜻밖에도 가는 곳마다 '일본'을 보게 됐다.

경주는 '제5회 세계한글작가대회'에 참가하기 위해 방문했다. 내가 가장 기대했던 행사는 대회 마지막 날의 '문학역사기행'이었다. 전문가의 해설을 들으며 경주를 관광할 수 있는 좋은 기회였기 때문이다.

인상에 남은 것은 월정교였다. 《삼국사기》에는 통일신라 경덕왕 19년(760년) '궁궐 남쪽 문천 위에 월정교, 춘양교 두 다리를 놓았다'는 기록이 있다. 배 모양의 교각만 전해지고 있었는데 오랜 고증을 통해 복원했다고 한다. 월정교가 인상 깊었던 것은 나라의 헤이조궁터에 있는 수자쿠몬과 꼭 닮았다는 생각이 든 탓이었다.

헤이조궁은 나라시대(710~794년)의 수도였다. 경주 월정교가 만들어진 시기와 겹친다. 헤이조궁은 당나라의 수도를 따라 만들어졌다고 하니, 당나라의 영향을 받은 신라의 월정교와 비슷하게 생긴 것도 어쩌면 당연하다. 아사히신문의 기자로서 처음 발령받은 곳이 나라였는데, 거기서 문화 담당을 하면서 한반도와의 인연을 느낄 때가 많았다. '나라'라는 지명에 관해서는 여러 설이 있지만 한국어의 '나라'가 어원이라는 설도 있다. 당시 헤이조궁 근처에 살던 나는 수자쿠몬을 산책 코스로 자주 이용했었다.

나라와 교토는 둘 다 고도古都지만 조금 다른 느낌을 준다. 나라시대에는 국제 교류가 활발했다. 한반도뿐만 아니라 실크로드를 통해 외국의 문화가 많이 들어온 시기였다. 교토가 수도가 된 헤이안시대 이후에는 '일본스러운' 문화가 발전했다. 개인적으로는 이국적 냄새가 나는 나라를 더 좋아한다.

2015년 12월 유네스코 국제회의 때도 경주를 방문했다. 한국에서는 실크로드의 종착점을 경주라고 보고 있다는 것을 이때 처음 알았다. 일본에서는 당연히 나라가 종착점인 줄 알고 있다. 나라에는 쇼소인이라는 나라시대의 보물창고가 있는

데, 여기에는 실크로드를 통해 들어온 외국의 미술품들이 많이 보관돼 있다. 유네스코 세계유산에도 등록된 쇼소인은 매년 나라국립박물관에서 여는 〈쇼소인전〉을 통해 그 보물을 공개하고 있다. 매년 20만 명이 넘는 사람들이 일본 전국에서 몰려와 줄을 서서 보는 인기 전시다.

2014년 실크로드의 일부가 '창안-톈산 회랑 도로망'으로 세계유산에 등록되면서 한국이나 일본에 연결되는 부분까지 등록하려는 움직임이 본격화됐다. 그런데 그때 서로 '종착점'을 주장하며 경쟁하는 분위기가 팽배했다. 실크로드야말로 한국과 일본의 교역 역사로 평화롭게 공유할 수 있는 재산인데 경쟁할 필요가 무엇이 있을까 싶다.

다음으로 찾은 곳은 제천이었다. 제천은 매년 8월 '제천국제음악영화제' 때 방문한다. 2019년 영화제 때 제천시 관계자를 만나 제천이 '미식도시'로 도약하기 위한 준비를 하고 있다는 이야기를 들었다. 그때 한방 건강식을 취재하고 일본 매체에 기사를 쓴 인연으로 이번에 새로운 미식 투어에 초대를 받았다.

제천은 일본에서는 거의 안 알려진 곳이다. 그러나 일본에는 한방에 관심이 있는 사람도 많고, 매년 영화제 개막식이나 공연이 펼쳐지는 청풍호반은 관광지로 매력적인 곳이어서 더

홍보해도 좋을 것 같았다. 시 관계자에게 이야기했더니 의외의 대답이 돌아왔다. "제천은 원래 의병의 고장이라 적극적으로 일본 쪽에 홍보하지 않았어요." 나는 의병에 대해 잘 몰랐다가 드라마 〈미스터 션샤인〉을 보고 나서야 조금 알게 됐다. 물론 의병에 대해 배우는 여행은 아니었지만, 의병에 관련된 장소도 갔다. 걸어 다니면서 음식을 맛보는 투어였는데 커피를 테이크아웃해서 걸어간 장소가 중앙공원이었다. 언덕을 올라가면 제천 시내를 바라볼 수 있는 곳인데 의병 지휘소가 있던 곳이라고 했다. 지방을 여행하면서 임진왜란이나 일제강점기 때의 이야기는 자주 들었지만 의병에 관련된 설명을 들은 것은 처음이었다.

그리고 마지막으로 대전에 갔다. 대전에서는 최근 영화나 드라마 촬영이 늘어나고 있다는 이야기를 듣고 촬영지를 중심으로 다녔다. 그중 옛 충남도청을 보고 일본 도야마현청과 꼭 닮은 모습에 놀랐다. 외관뿐만 아니라 내부도 거의 비슷했다. 옛 충남도청은 영화 〈더킹〉, 〈변호인〉과 드라마 〈추리의 여왕〉 등의 촬영지로 인기가 많은 근대건축물이다.

옛 충남도청은 1932년에, 도야마현청은 1935년에 지은 건물이다. 비슷한 시기에 지은 청사끼리 닮은 것은 이해가 간다. 내가 나라 다음으로 근무한 곳이 도야마였는데, 그때는 현청 담당 기자로 매일 현청 기자실에 출근했다. 그래서 그런지 옛 충남도청을 보자 익숙한 공간이 갑자기 한국에 나타난 것처럼 느껴졌다.

일제강점기의 건물이 많은 지역인 인천·목포·군산에는 이미 가봤지만 대전에도 그런 건물이 많은 줄은 몰랐다. 옛 충남도청은 현재 '대전근현대전시관'으로 돼 있다. 대전은 일제강점기 철도 건설로 발전한 곳이다. 물론 철도는 일제의 식민과 수탈의 대표적 수단이기도 했다. 본격적인 일제의 침략과 함께 일본인들이 대전에 처음 들어온 건 1904년 전후로 대부분 철도와 관련된 기술자들과 인부들이었다. 1905년 경부선 철도가 완전 개통되고, 그해 9월 부산과 일본 시모노세키를 잇는 관부연락선이 연결되자 일본인들의 대전 이주는 더욱 급증했다고 한다.

대전에서는 또 대전역 근처의 소제동 철도관사촌을 찾았다. 최근 멋진 카페나 레스토랑이 잇따라 생기고 있는 대전에서 가장 핫한 곳이다. 역시 일제강점기에 철도 관련 일을 하는 사람들이 살았던 곳인데, 시간이 멈춘 것처럼 옛날 건물이 그대로 남아 있었다. 그 오래된 건물을 잘 살려서 카페나 레스토랑으로 사용하기 시작한 것이다.

그중 대나무 숲속에 있는 카페 '풍뉴가'에 갔다. 유리 너머로 대나무 숲을 바라보면서 언제까지나 있고 싶은 카페였다. 알고 보니 서울의 핫플레이스가 된 익선동 도시 재생에도 참여했던 회사 '익선다다'가 운영하는 카페였다. 익선다다 직원을 직접 만나 이야기를 들어봤다. "소제동 건물은 일제강점기에 만들어진 건물이긴 하지만, 해방 후 70여 년이라는 세월 동안 대전 사람들의 역사도 있는 곳"이라는 말이 인상 깊었다. 익선다다는 '낡은 것에서 아름다움을, 오래된 것에서 새로움을 느낄 수 있다'는 믿음에서 시작했다고 한다.

한국에서 '일본'을 찾으려는 여행은 아니었지만 결과적으로 '일본'이 보이는 여행이 됐다. 일제강점기의 건물은 한국 사람들한테 불쾌한 것일 수도 있지만, 그것도 한국 역사의 일부로 존재 가치가 있다고 생각한다. 특히 나 같은 일본 사람에게는 일본이 한국에서 어떤 일을 했는지를 알 수 있는 계기가 되는 곳이기도 하기 때문이다.

한·중·일 연결되는 군산은 '경계인' 윤동주와 닮았다

한국 영화를 사랑하는 나에게 군산은 오래도록 가보고 싶었던 곳이다. 그러나 일본 사람으로서는 조금 망설이게 되는 곳이기도 해서 차일피일 미루고 있었다. 허진호 감독의 〈8월의 크리스마스〉 무대로 알려진 초원사진관을 비롯해 군산을 배경으로 한 영화는 100편이 넘는다. 일제강점기 때 군산은 일본으로 쌀을 가져가는 주요 항구였다. 그 '수탈의 역사'를 생각하면 촬영지를 보러 가는 게 왠지 부담스럽기도 했다.

그러던 차에 2019년 10월 부산국제영화제에서 장률 감독의 〈군산: 거위를 노래하다〉를 보고 나서 군산에 가보기로 결심했다. 두 남녀 윤영(박해일)과 송현(문소리)이 군산을 여행하는 내용인데, 영화 속에 내 눈으로 직접 보고 싶은 장소가 등장했기 때문이다. 10월 말 영화를 같이 본 한국 친구와 함께 그곳으로 떠났다.

궁금했던 곳 중 하나는 동국사였다. 급경사 지붕의 대웅전은 딱 보니 일본식 건물이었다. 일제강점기엔 일본 불교 조동종 사찰이었다고 한다. 〈군산: 거위를 노래하다〉에서는 송현이 108배를 하는 곳으로 나오는데, 경내에 일본군 위안부 피해자를 기리기 위한 '평화의 소녀상'이 서 있는 것이 눈에 들어왔다. 장률 감독은 일본식 가옥이 많이 남아 있어 군산에서 영화를 찍었다고 한다. 그것에 대해 어떻게 생각하는지 물어봤더니 "건물은 문화다. 사람은 문화로 소통해야 한다"고 답했다. 일제의 흔적이라고 싫어할 필요는 없다는 뜻이었지만, 영화를 보면 확실히 일본의 '가해'를 느낄 만한 장면들이 몇 번 등장한다. 그중 하나가 소녀상이다.

직접 가보니까 소녀상 뒤에 비碑가 있었다. 오른쪽은 일본어로, 왼쪽은 한국어로 '참사문(참회와 사죄의 글)'이라고 적혀 있었다. 조동종 종무총장이 쓴 글로 조동종이 해외포교라는 명목으로 아시아 사람들의 인권을 침해한 것에 대해 사과하는 내용이었다. 조동종은 일본 불교 종파 중 최대 종파다. 나는 솔직히 조동종이 이런 글을 발표했었다는 사실도 몰랐다.

2012년 9월 일본의 '동국사를 지원하는 모임'이 이 비를 건립했다고 적혀 있는데, 이명박 전 대통령이 독도를 방문한 후 한참 한·일 관계가 안 좋아졌을 때다. 한국 사람들이 보기엔 일본은 과거의 잘못을 사과하지 않는 나라로 보이겠지만, 민간 차원에서는 잘못을 사과하고 한국과 교류하고자 하는 일본 사람들도 적지 않다는 것을 알아줬으면 한다.

〈군산: 거위를 노래하다〉에서 궁금했던 또 하나는 윤영과 송현이 자꾸 윤동주 시인에 대해 언급하는 것이었다. 둘 다 윤동주 시인의 팬이라는 설정이긴 하지만 군산과 윤동주 시인은 직접 관계가 없다고 알고 있었다. 그런데 직접 군산에 와보니 윤동주 시인과 군산이 닮았을지도 모른다는 느낌이 들었다.

군산근대역사박물관에는 윤동주 시인의 대표작 〈서시〉가 쓰인 현수막이 있었다. 일제가 사용을 금지한 조선어로 시를 쓴 시인은 일본 경찰에 체포돼 옥사했다. 그래서 윤동주 시인은 조선어를 일본에 빼앗긴 상징 같은 존재며, 군산 또한 일본에 주식인 쌀을 빼앗긴 상징 같은 장소로 서로 연관성이 있어 보였다.

그런데 내가 닮았다고 느낀 것은 한·중·일이 연결되는 지점이었다. 군산의 일본식 가옥 중에 영화 〈장군의 아들〉과 〈타짜〉의 촬영으로 유명한 '히로쓰 가옥'이 있다. 이 가옥은 다다

미방과 일본풍 정원이 있어 전형적인 일본식 가옥 같아 보이지만, 창문은 동그란 중국식이며 한국식 온돌도 있다. 그래서 한·중·일이 혼재하는 건물이다.

윤동주 시인 또한 지금으로 말하면 중국 옌볜 출신 조선족이며 연희전문학교(현 연세대)에 다니다가 일본에 유학했다. 나는 몇 번 윤동주 시인에 대한 기사를 쓴 적이 있다. 일본 독자들에게 한국에서 얼마나 사랑받는 존재인지를 표현하기 위해서 '한국의 국민 시인'이라고 썼다가 '한국'에 한정하면 안 될 것 같다는 생각이 들어서 지운 적이 있다.

엄밀히 말하면 윤동주 시인이 지금의 한국 땅에 있었던 시기는 연희전문학교 시절뿐이다. 영화 〈군산: 거위를 노래하다〉 속에도 비슷한 지적이 나온다. 영화에서 윤동주 시인이 자꾸 언급되는 것은 '수탈'의 상징이어서라기보다 한·중·일이 연결되는 '경계인'이기 때문이 아닐까 싶다.

그렇게 생각하는 또 하나의 이유가 있다. 나는 옌볜에서 열린 윤동주 시인 탄생 100주년을 기념하는 한·중·일 심포지엄에 참가했었다. 그때 한·중·일의 연구자와 시인, 팬 들이 모여 대화를 나눴는데 윤동주 시인은 동아시아 사람들을 하나로 묶어주는 존재라는 것을 느꼈다.

군산의 유명한 음식도 '한·중·일 짬뽕'이다. "군산에 간다"

고 했을 때 주변 친구들이 짬뽕과 '이성당' 단팥빵을 꼭 먹고 오라고 했다. 짬뽕은 한국화가 됐지만 원래 중국 음식이고, 단팥빵 또한 일본에서 들어온 빵이다.

사실 내가 처음 군산에 관심을 가진 것은 이성당에 대한 글을 일본에서 읽었을 때다. 이성당에 가보면 'since 1945'라고 적혀 있지만, 1945년 이전에 이성당은 일본 사람이 경영하는 '이즈모야'라는 제과점이었다. 그 일본 사람이 해방 후에도 군산에 남고 싶어 했다는 사실을 글에서 읽었다. 장사 때문일 수도 있지만 그만큼 주변 조선 사람들과 잘 어울리며 살았던 것 같다.

윤동주 시인의 사진 중에 도시샤대학 친구들과 함께 소풍을 갔을 때 찍은 사진이 있다. 미소를 띤 표정이 인상적이다. 윤동주 시인은 일제 군국주의와 싸우면서도 일본 친구들과는 정겹게 소통하는 친근한 사람이었던 것 같다.

주말이면 하루에 2만 개가 팔릴 정도로 사랑받는 이성당 단팥빵을 먹으며, 한·중·일 세 문화가 공존하는 군산은 역시 윤동주 시인과 닮았다는 생각이 들었다.

한류의 붐,
〈겨울연가〉에서 〈기생충〉으로

영화 〈기생충〉의 일본 개봉에 맞춰 후쿠오카에 갔다. 극장 측으로부터 〈기생충〉 상영 후 강연 의뢰를 받았기 때문이다. 가는 길에 한국관광공사 후쿠오카 지사와 세이난가쿠인대학에서도 강연을 하게 됐다.

가는 곳마다 강연장은 가득 찼다. 〈기생충〉은 일본 개봉 이후 잇따라 만석을 기록했으며 전국적으로 상영 극장 수가 늘어났다. 일본은 영화 입장료가 1900엔(약 2만 1000원)이나 된다. 비싸서 극장에서 영화를 안 보는 사람들도 많은데 상영관이 늘어났다는 건 대단한 일이다.

나는 한국 영화 팬이 된 지 20년 정도 됐는데, 내 기억으로는 지금처럼 일본에서 한국 영화가 주목을 받은 적은 없었다. 물론 〈기생충〉 덕이다. 다른 한국 영화와는 전혀 다르게 〈기생충〉에 대해서는 홍보에도 엄청 힘을 쏟는 것 같았다. 일본 홍보 담당자로부터 개봉 훨씬 전인 2019년 9월쯤 "보도 시사회를 여는데 영화 전문이 아닌 한국 사회에 대해 깊이 아는 기자를 소개해줬으면 좋겠다"는 평소와는 다른 의뢰가 와서 놀랐다.

나는 아사히신문 문화 담당 기자였지만 메인으로 영화를 담당한 적은 없었다. 그런데 한국 영화가 일본에서 개봉할 때 홍보 차 감독이 오면 내가 통역 없이 이야기할 수 있어서 메인 담당 대신 인터뷰할 때가 많았다. 〈설국열차〉 때 봉준호 감독도 내가 인터뷰했다. "봉준호 감독이니 크게 실어줘야 한다"고 부탁했지만 "봉준호가 누구지? 배우는 안 왔나?"라는 아사히신문 데스크의 반응에 실망했던 기억이 난다.

결국 한국 영화에 대해 깊이 있게 취재할 기회는 거의 없겠다는 걸 깨닫게 됐다. 그러고는 스스로 한국 영화를 공부하기 위해 동국대학 영화영상학과 석사 과정에 들어갔다. 엄마가 "딸이 한국 영화에 빠져서 한국으로 유학을 갔다"고 주변에 이야기하면 "아, 〈겨울연가〉?"라고 하는 사람이 꽤 많다고 한다. 일본에서 한류라고 하면 아직도 〈겨울연가〉를 비롯한 한류 드라마나 세계적으로 인기 폭발인 K팝의 이미지가 강하다.

한류 붐이라고 해도 영화는 크게 히트한 적이 없었다.

이제 〈기생충〉이 한국 영화 팬층 확대에 큰 도움을 주고 있는 듯하다. 그 변화의 징조는 몇 년 전부터 있었다. 〈택시운전사〉, 〈1987〉 같은 영화를 보고 남성 영화 팬들이 "한국 영화가 재미있다"고 말하기 시작했던 것이다. 기존의 한류 팬층 대부분은 여성이었는데, 한국 영화는 왠지 그 팬층의 기호와는 조금 안 맞는 듯했다. 〈기생충〉을 보고 "너무 재밌네"라고 나에게 연락해오는 사람들은 대부분 남성이다. 그전까지 일부 남성들 사이에서 한류는 여성과 아이들만 좋아하는 것이라는 편견이 있었다.

홍보 방법도 실망스러울 때가 많았다. 주연이 아닌데도 출연자 중 아이돌이 있으면 그 아이돌이 포스터의 가운데에 나오거나, 한·일 관계가 안 좋아서 그런지 아예 영화 제목에서 한국 색깔을 없애는 경우도 많았다. 예를 들어 한국에서 관객수 1000만 명을 넘은 대히트 영화 〈부산행〉의 일본 제목은 '신칸센 파이널 익스프레스'였다. 아마도 〈부산행〉의 한국에서의 흥행을 알고 일본에서 기다리고 있던 많은 사람들이 같은 영화인지 몰라서 놓쳤을 거라는 생각이 든다.

제2차 한류 붐이라 불렸던 동방신기, 소녀시대, 카라 등 K팝 인기가 한참 높았던 때 이명박 전 대통령의 독도 방문을 계기로 한·일 관계가 악화하면서 지상파에서 갑자기 한국 가수들도 한류 드라마도 사라져버렸다. 그때쯤 한국 영화 일본 홍보 담당자들은 "방송에서 아예 한국 영화를 소개해주지 않는다"고 하소연했다. 그래서 〈기생충〉 덕에 한국 영화가 일본에서 다시 주목받는 건 너무나 반가운 일이다.

후쿠오카에서의 반응은 예상보다 훨씬 더 뜨거웠다. 극장에 온 사람 중엔 개봉된 지 얼마 안 됐는데도 "〈기생충〉을 아직 세 번밖에 못 봤다"는 관객도 있었고, 강연 후에도 나한테 와서 자기가 얼마나 한국 영화를 사랑하는지를 열변하거나 한국 영화에 관한 여러 질문을 하는 사람들이 많았다.

도쿄나 오사카였다면 이렇게까지 뜨거운 반응은 없었을 것이다. 후쿠오카는 지리적으로 한국에 가깝다. 특히 부산에는 배를 타고 갈 수도 있어서 옛날부터 왕래가 많았다. 2018년 후쿠오카를 방문한 외국인 중 60% 이상이 한국 사람이었다고 한다. 내 주변에서도 후쿠오카를 갔다 왔다는 사람들이 많다.

그 외에도 후쿠오카에 한국 영화 팬들이 많은 이유가 더 있다. 한국 영화를 늘 재빠르게 소개해온 '아시아 포커스 후쿠오카 국제영화제' 덕분이다. 봉준호 감독의 장편 데뷔작 〈플란다스의 개〉도 그렇다. 이 작품은 한국에서 〈살인의 추억〉이 히트 친 다음에야 일본에서 〈살인의 추억〉 감독의 전작으로 극장에 개봉됐다. 그런데 아시아 포커스 후쿠오카 국제영화제에서는 이미 2001년에 〈플란다스의 개〉를 상영했었다. 〈기생충〉 상영 후 자신이 2001년에 후쿠오카에서 〈플란다스의 개〉를 봤을 때부터 봉준호 감독 팬이라고 이야기하는 사람도 있었다.

봉준호 감독 장편 데뷔작이 재빨리 후쿠오카에서 상영된 건 우연이 아니다. 거기에는 훌륭한 영화 평론가의 노력이 있었다. 바로 사토 다다오 평론가다. 임권택 감독의 작품들을 일본뿐만 아니라 세계에 알리는 역할도 한 사람이다.

아시아 포커스 후쿠오카 국제영화제는 1991년에 시작했는데, 그 첫 회부터 2007년까지 사토 다다오 평론가가 디렉터를 맡았다. 〈플란다스의 개〉는 한국에서도 흥행에 성공하지 못했지만, 사토 평론가는 일찍부터 봉준호 감독의 재능을 알아봤던 것이다. 〈기생충〉에 대해서도 사토 평론가의 소감을 듣고 싶었지만 건강 상태 때문인지 기사가 나오지 않았다.

후쿠오카에는 이번 외에도 한국 영화와의 인연으로 방문한 적이 있었다. 2018년 장률 감독의 〈후쿠오카〉 촬영 때였다. 벚꽃이 예쁘게 피어 있던 봄이었다. 나는 취재를 하면서 배우와 스태프의 식사를 준비하고 제공하는 일도 도왔다. 배우 박소담 씨와 윤제문 씨가 식사하는 것을 옆에서 지켜보면서 설렜던 기억이 있다. 윤제문 씨에게 "한국에서 온 일본 사람"이라고 자기소개를 한국어로 했더니 왜 일본인이 한국에서 왔는지, 또 왜 이렇게 한국어를 잘하는지 이해가 안 된다는 표정을 지었던 것도 기억난다.

장률 감독은 영화제에 자주 초청받아서 후쿠오카에서 지내다 보니 마음에 들어 영화를 찍게 됐다고 했다. 그의 작품 〈후쿠오카〉는 지난해 11월 서울독립영화제 개막작으로도 상영됐다. 나도 그때 봤다. 딱 한 번 식사 준비를 도와준 것뿐인데, 엔딩 크레딧에 내 이름이 나와서 흐뭇했다. 한국과 일본, 그리고 한국인과 일본인의 경계가 애매해 보이는 영화였던 것도 신기했다.

하긴 후쿠오카 사람 중에는 "거리뿐만 아니라 마음도 도쿄보다 부산이 훨씬 가깝게 느껴진다"고 하는 사람도 있다. 이번에 다시 후쿠오카에 가보니까 한국 여행객들이 다시 조금씩 늘어나고 있는 듯했다. 예전처럼 후쿠오카에서 한국 관광객을 많이 봤으면 하는 바람이다.

만나지 못한 연인,
윤동주와 이바라기

2월 16일은 윤동주 시인의 기일이다. 그는 광복 6개월 전인 1945년 이날 일본 후쿠오카형무소에서 옥사했다. 2019년 기일엔 시인이 유학했던 교토 도시샤대학에서 추모 행사가 열렸다. 도시샤대학엔 시인의 대표작 〈서시〉의 시비가 있다. 1995년에 세워진 시비 주변에는 한국을 상징하는 무궁화와 북한을 상징하는 진달래, 그리고 대학 창립자 니지마 죠가 사랑한 매화나무가 있다. 시비 뒤에는 '민족을 넘어 사람들의 마음을 울린 윤동주를 추모한다'는 글이 쓰여 있다. 윤동주 시인은 한국과 북한, 일본은 물론 중국과도 인연이 있는 인물이다. 이날 한국인과 일본인 그리고 재일코리안이 모여서 시비에 꽃을 바쳤다.

도시샤대학뿐만 아니라 그 전에 윤동주 시인이 유학했던 도쿄 릿교대학과 후쿠오카형무소가 있던 근처에서도 매년 추모행사가 열린다. 올해는 그를 기리는 한국 사람들이 이 세 곳을 돌며 일본의 윤동주를 사랑하는 사람들과 교류하는 여행을 기획했다. 나도 이 행사에 통역을 겸해 참가했다.

일본에서 매년 윤동주 시인을 추모하는 행사가 열린다는 사실이 한국엔 잘 알려져 있지 않은 것 같다. 많은 일본의 윤동주 팬은 해마다 2월에 만나 27세라는 젊은 나이로 세상을 떠난 그를 추모한다. 그건 물론 일본의 식민지 지배와 전쟁 책임을 생각하는 시간이기도 하다. 한·일 관계가 악화될 때마다 혐한을 외치는 일본 사람들이 한국 매체에 등장한다. 하지만 한·일 역사 문제에 대해 진지하게 생각하고 행동하는 일본 사람들도 많이 있다는 사실은 별로 소개되지 않아 아쉽다.

한편 오사카 한국문화원은 이 시기에 한글 서예전을 열었다. 한국 쪽은 가수로도 활동하는 홍순관 씨의 작품, 일본 쪽은 다나카 유운이라는 서예가의 작품이 전시됐다. 다나카 씨는 일본어로 번역된 〈서시〉에 감명을 받아 원문을 이해하고 싶어서 한글을 배우기 시작했다고 한다. 다나카 씨의 작품 중 하나는 〈서시〉의 일부분인데 '죽는 날까지 하늘을 우러러 한 점 부끄럼이 없기를' 부분은 한국어로, '오늘 밤에도 별이 바람에 스치운다' 부분은 일본어로 썼다. 한 작품 안에서도 한·일 '컬래버'를 볼 수 있었다.

그런데 홍순관 씨가 원래 기획한 서예전은 한국과 일본뿐만이 아닌 재일코리안 서예도 함께 전시하는 것이었다. 오카야마현에 있는 조선학교 학생들의 작품을 함께 걸고 싶었는데, 오사카 한국문화원 쪽에서는 '조선학교'라는 것이 걸렸는지 한·일 작품만 전시했다. 이렇게 꼭 선을 그어야 하는지 의문이다. 특히 윤동주 시인을 주제로 한 전시인데 말이다. 홍순관 씨는 "한국에서도 요즘 학교에서 안 가르치는 한글 서예를 재일코리안 아이들이 배우고 있다는 사실에 감동을 받았다"며 "그래서 전시회를 기획한 것"이라고 했다. 다음에 한국에서 서예전을 할 때는 오카야마에 가서 받아온 학생들의 작품을 꼭 전시할 생각이라고 한다.

오사카에서는 서예전 외에도 오사카 한국총영사관과 한국의 산문작가협회가 주최하는 윤동주 시인을 추모하는 행사가 열렸다. 오사카는 윤동주 시인과 직접 관계가 있는 곳은 아니지만, 일본 사람과 재일코리안이 함께하는 '윤동주와 우리 모임'이 있다. 매년 시를 낭독하거나 윤동주 시인에 대해 발표를 하는 시간을 가진다. 그 멤버들과 한국에서 온 일행이 교류하는 행사였는데, 영사관의 지원을 받은 덕분에 도쿄에서 게스트가 오기도 했다. 이 행사에서 윤동주 시인뿐만 아니라 일본의 시인 이바라기 노리코도 함께 추모하는 시간을 가졌다. 윤동주 시인이 한국에서 가장 유명한 시인인 것처럼 이바라기 시인도 일본에서 가장 유명한 시인이다. 그뿐 아니다. 이바라기 시인은 윤동주 시인의 존재를 일본에 널리 알린 장본인이기도 하다.

도쿄에서 게스트로 참가한 재일코리안 작가 서경식은 "두 시인은 만나지 못한 애인 같은 관계"라고 말했다. 이바라기 시인이 윤동주 시인에 대해 알게 된 것은 그가 옥사한 지 한참 뒤다. 그의 시집 《하늘과 바람과 별과 시》가 세상에 나온 것이 그가 죽은 다음이라 어찌 보면 당연한 일이다. 그런데 이바라기 시인의 에세이를 보면 윤동주 시인에게 연애 감정을 갖고 있던 것처럼 느껴지기도 한다.

그 에세이는 《한글로의 여행ハングルへの旅》이라는 책에 나오는데 그것이 또 고등학교 국어 교과서에 실렸다. 1990년부터 현재까지 무려 77만 부를 발행한 교과서다. 77만 명이 고등학생 시절에 윤동주라는 시인과 만났다는 것이다. 지쿠마쇼보라는 출판사의 교과서인데 그 당시 지쿠마쇼보 편집자였던 노가미 다쓰히코 씨에 의하면, 이바라기 시인도 그 에세이가 교

과서에 실릴 리가 없다고 생각했었다고 한다. 일본 군국주의의 희생자인 윤동주 시인의 이야기가 교과서에 실리기 위해서는 당시 문부성의 검정을 통과해야 했기 때문이다.

검정을 통과시키려고 노력한 노가미 씨는 "윤동주 시인의 삶을 배우는 것은 일본 고등학생들에게도 살아가는 데 큰 힘이 될 거라고 믿고 있었다"고 한다. 그 당시 다른 교과서의 검정 때문에 문제가 생겼는데, 그 틈을 타서 아슬아슬하게 통과시켰다고 한다. 교과서에 실린 것이 도시샤대학 시비 건립에도 크게 도움이 됐다. 도시샤대학 추모 행사 후 강연회에서 노가미 씨는 뿌듯한 표정으로 "좋은 일을 했다고 자부하고 있다"고 말했다. 강연을 들은 숙명여자대학 김응교 교수는 "강연 내용은 한국인이 잘 모르는 귀중한 증언이었다. 일본에서 진실을 원하고 알리는 시민들이 얼마나 고된 과정을 겪으며 평화의 문을 열어 가는지 우리가 알아야 한다"며 "일본 시민들의 고된 노력을 이해할 때, 한국과 일본의 진정한 대화는 가능할 것이다. 양국에서 정치하는 사람들도 한·일 시민들의 절실한 바람을 알아야 한다"고 말했다.

이바라기 시인이 한국이나 한글에 관심을 갖게 된 계기는 어쩌면 서경식이라는 인물 때문이었을지도 모른다. 서경식은 서승과 서준식의 친동생이다. 두 형은 서울 유학 중 국가보안

법 위반 혐의로 체포돼 수감됐다. 그 당시 많은 재일코리안 유학생들이 '북한의 간첩'이라는 혐의로 잡히는 사건들이 일어나 일본에서는 무죄를 호소하는 지원 활동이 벌어졌다. 서경식은 수감된 형 서준식에게 자신이 좋아하는 이바라기 시인의 시집을 보냈는데, 서준식은 그 시집을 한국어로 번역해서 동생에게 편지로 보냈다. 서경식은 그 사실을 당시 일면식도 없었던 이바라기 시인에게 알렸더니 이바라기 시인이 서경식이 살던 교토까지 일부러 찾아왔다. 그 후 두 사람은 2006년에 이바라기 시인이 타계할 때까지 돈독한 관계를 유지했다. 서경식은 이바라기 시인이 직접 쓴 사망통지서도 받았다. 이바라기 시인은 친한 사람들에게 직접 인사를 하고 싶다며 사망 날짜만 비워놓고 자기 손으로 사망통지서를 써놓았고, 이바라기 시인이 타계한 후 조카가 거기에 날짜를 써서 발송했다. 정말 끝까지 매력적인 사람이었다.

2017년은 윤동주 시인 탄생 100주년으로 한국에서는 많은 행사가 있었지만, 그해가 지나고 나서는 조용해졌다. 오히려 일본은 100주년과 상관없이 꾸준히 시인에 대해 생각할 기회를 갖고 있다. 한국에서 온 참가자들은 그 모습을 보고 감동하곤 한다. 사실 오사카의 행사는 내가 처음 제안한 것이었지만, 한·일 간의 문화 차이도 있어 실현하는 데 많은 문제가 생기기도 했다. 당일의 통역은 짧은 시간이었지만 행사가 성립될 때까지 수시로 통역과 번역을 맡아 솔직히 지친 적도 있었다. 그런데 나보다 더 고생한 오사카 쪽 주최자가 당일의 교류를 보며 "무엇보다 윤동주 시인이 하늘에서 기쁜 마음으로 지켜보고 계실 것"이라고 한 말에 피로가 싹 풀렸다.

최근 〈칠곡 가시나들〉이라는 다큐멘터리 영화를 봤다. 할머니들이 뒤늦게 한글을 배우며 시를 쓰는 모습을 담은 영화다. 할머니들은 일제강점기와 한국전쟁 등을 거치며 먹고사는 것만으로도 벅차 한글을 배울 기회가 없었다. 간판에 쓰인 한글을 천천히 읽는 할머니의 모습을 보면서 대학생 때 처음으로 한국에 유학을 와 한글을 배우던 시절이 생각났다. 할머니들이 글을 배우지 못했던 이유는 슬프지만 영화는 경쾌했다. 코미디라고 해도 될 정도로 관객들의 웃음소리가 멈추지 않았다.

글을 배운다는 것은 원래 즐거운 일이다. 세상이 밝아지는 느낌이 드는 일이다. 그런데 그것이 너무나 어려웠던 시대가 있었다는 사실을 금지된 한글로 시를 썼던 윤동주 시인을 통해 알게 됐다. '내선일체'나 '창씨개명' 같은 어려운 말로는 못 느끼는 것들을 시를 통해 알게 됐다. 할머니들이 한글을 배우며 느끼는 즐거움도 할머니들의 소녀 같은 시를 통해 느낄 수 있었다. 문학이 가진 힘이 바로 이런 것 아닐까.

변화를 좋아하지 않는 일본,
그래서 금수저도 전통이 되고

 일본은 다른 나라에 비해 세습의원이 많은 편이다. 부모나 조부모에 이어 동일한 선거구에서 선출된 국회의원을 세습의원이라고 한다. 특히 세습의원이 많은 자민당 정부에서는 내각의 반 정도가 세습의원인 경우도 있었다. 물론 세습이라고 해도 선거로 뽑기 때문에 세습의원을 지지하는 유권자가 그만큼 많다는 뜻이기도 하다. 한국 같으면 '금수저'라고 불리며 부정적인 이미지를 줄 수도 있겠지만, 일본에서는 오히려 '전통을 지킨다'는 긍정적인 이미지가 강하다.

 자민당 총재 선거에서 맞붙은 아베 신조 총리와 이시바 시게루 전 간사장도 세습의원이다. 아베 총리의 외할아버지는 기시 노부스케 전 총리다. 기시 전 총리는 태평양전쟁 후 A급 전범으로 구속됐다가 불기소로 풀려나 다시 정치계로 복귀한 사람이다. 어떤 독일 기자는 "전범이 총리가 되는 건 독일에서는 절대 있을 수 없는 일"이라고 했다. 외할아버지한테 많은 영향을 받았다고 하는 아베 총리는 해외에서 보면 '전범의 손자'일 수도 있지만, 일본에서는 '총리의 손자'라는 이미지가 더 강하다.

이시바 시게루 전 간사장의 아버지는 돗토리현 지사를 역임하고 자치상을 지냈던 이시바 지로다. 다나카 가쿠에이 전 총리는 자신과 친했던 이시바 지로가 사망하자 그의 아들 이시바 전 간사장에게 "부친 대신 자네가 출마하라"고 권유했다고 알려져 있다. 이시바 전 간사장은 그 당시 무명의 은행원이었다고 하니 아버지 힘으로 정치가가 됐다고 해도 과언이 아니다. 개인적으로는 아베 총리보다 말하는 내용에 설득력이 있고 능력이 있는 정치가라고 생각하지만, 총재 선거에서는 아베 총리가 압승했다.

결과가 뻔한 총재 선거였지만 화제가 된 것은 고이즈미 준이치로 전 총리의 아들 고이즈미 신지로 중의원 의원의 선택이었다. 그가 아베와 이시바 둘 중 누구를 지지하느냐가 주목을 받았던 것이다. 고이즈미 신지로 의원은 아버지를 닮아 연설도 잘하고 잘생겨서 여성 팬이 많다. 아직 젊지만 언젠가 2세 총리가 될 만한 인물이다.

일본에서도 세습의원에 대해 문제를 제기하는 목소리가 없는 것은 아니다. 예를 들어 요시다 시게루 전 총리의 손자 아소 다로 전 총리가 총리였던 당시, 컵라면의 가격을 묻는 질문에 "400엔 정도?"라고 대답한 적이 있었다. 대부분 200엔도 안 하는데 말이다. "그렇게 서민의 생활을 모르는 사람이 어떻게 경제 대책을 제대로 세울 수 있겠냐"는 비판이 쏟아졌다. 그 당시 아소 총리가 매일같이 고급 호텔에서 저녁 식사를 하고 있다는 것도 보도되면서 세습의원에 대한 이미지가 나빠졌다. 그렇다고 아소 전 총리가 선거에서 떨어지는 일은 없었다. 그만큼 뿌리 깊은 지지자가 있다는 것이다.

한국에서는 대통령을 국민이 직접 뽑지만 일본은 총리를 국민이 직접 뽑을 수가 없다. 자민당 총재 선거는 국민들이 투표하는 것이 아니라 자민당 당원들이 투표한다. 그래서 다음 선거에서 자민당에 유리할 만한 '얼굴'을 뽑는 경향이 있다. 아베 총리는 특정 법인에 특혜를 주는 데 관여했다는 의혹이 제기된 '모리토모·가케 문제' 등으로 지지율이 하락했지만, 그래도 아베 총리 이상으로 유리한 '얼굴'이 없다는 것이 일본의 현실인 것 같다. 일련의 스캔들은 한국에서 일어났으면

촛불집회가 열릴 만한 일이다. 그런데도 기시 전 총리부터 이어온 아베 총리의 브랜드 파워는 여전하다.

정계뿐만 아니라 연예계에서도 2세, 3세가 적지 않다. 최근 일본을 대표하는 스타 기무라 다쿠야와 구도 시즈카의 둘째 딸 고우키가 모델로 데뷔해서 화제가 됐다. 15세라는 어린 나이에 데뷔한 것도 그렇지만 데뷔하자마자 잡지 표지에 등장한 것은 역시 톱스타의 딸이기 때문일 것이다. '금수저'라는 비판도 일부 나왔지만 환영하는 목소리가 훨씬 컸다.

이것은 '전통'을 선호하느냐 '변화'를 중요시하느냐의 차이일 수도 있다. 일본인은 음식점도 새로운 가게보다 '시니세'라고 불리는 오래된 가게를 좋아하는 편이다. 창업 100년이 넘는 가게도 종종 있다.

내가 자주 가는 오사카의 시니세 커피숍도 창업 80년이 넘었다. 1934년에 창업한 '마루후쿠 커피점'이다. 오사카의 문화인들에게 사랑을 받아 소설의 무대가 되기도 했다. 나는 어렸을 때부터 커피를 좋아하는 엄마를 따라 자주 방문했다. 요즘은 친구들과 자주 간다. 진하고 맛있는 커피로 유명하지만 오래된 분위기의 건물도 그 유명세에 한몫을 한다. 최근 몇 년 사이에 도쿄를 비롯한 전국에 지점이 생겨서 어딜 가나 같은 맛의 커피를 즐길 수 있지만 역시 본점의 분위기를 이길 수는 없는 것 같다.

한국에서는 가게가 잘되면 새로 내부 개장을 해서 분위기를 바꾸거나 가게를 넓혀 변화를 주는 경우가 많지만, 일본은 개장을 하더라도 옛날 모습을 남기려고 하는 경우가 많다. 마루후쿠가 그렇다. 시니세는 시니세라는 이유만으로 가치를 두는 일본이다. 그러기 위해서는 시니세다운 오래된 외관도 중요하다. 그만큼 일본은 '변화'를 별로 좋아하지 않는다.

여행을 가도 시니세를 찾게 된다. 가게가 오래 지속할 만큼 맛이 있을 거라는 믿음도 있고, 그 지방의 특색을 느낄 수 있기 때문이다. 지난해 나가사키에 갔을 때는 규슈에서 가장 오래된 다방 '쓰루찬'에 갔다. 마루후쿠보다 오래된 1925년에 창업한 가게다. 거기서 나가사키의 유명 음식 '도루코 라이스'를 먹었다. 한 접시에 돈까스, 볶음밥, 스파게티, 샐러드를 함께 담아내는 양식 요리다.

일본에서는 대를 이어 하는 가게가 많다. 내 친구 중에도 부모님이 경영하는 우나기(장어) 가게를 이어받기 위해 대학에서 경영학을 공부하고, 대학 졸업 후에는 도쿄에서 우나기 장인이 되기 위한 '수행'을 10년 가까이 거쳐서 장인이 된 친구가 있다. 좋은 가게를 유지하려면 그만한 투자와 노력이 필요한 것이다. 그런데 한국에서는 가게가 잘되면 자식을 좋은 대학에 보내 의사나 변호사가 되는 것을 바란다고 들었다. 그래서 오래된 가게가 드문 것일까? 그건 잘 모르겠다.

일본 사람들이 '전통'을 좋아하는 것은 재해와 관계가 많이 있는 것 같다. 태풍과 지진으로 큰 피해를 입었다는 뉴스를 보면 그런 생각이 든다. 재해는 원하지 않는 변화를 가져온다. 변하지 않는 것에 대한 동경, 그것이 전통을 선호하는 국민성을 만든 것은 아닐까 싶다.

2009년 민주당이 중의원 선거에서 이기고 정권 교체를 실현했던 적이 있다. 자민당 정권에 대한 국민의 오래된 불만이 쌓일 만큼 쌓였고 민주당에 대한 기대는 높았다. 그러나 기대만큼의 성과를 보지 못한 채 동일본 대지진이 일어났다. 그 대처를 잘못한 탓에 '역시 자민당이 낫다'는 분위기를 만들어 버렸다. 지진은 천재지만 후쿠시마 원전 사고는 인재의 측면도 있었다. 솔직히 원전 건설을 추진해온 것은 자민당이었고, 민주당에만 책임이 있는 문제도 아니었다. 그런데 심리적으로는 동일본 대지진과 민주당 정권의 이미지가 겹쳐버렸다. 2012년에는 다시 자민당이 여당이 되고, 그해 총재 선거에서 승리한 아베가 총리가 됐다. 그 후 민주당은 이합집산을 되풀이하고 있다.

아베 내각의 지지율은 NHK에 따르면 계속해서 40%대를 오르내린다. 결코 인기가 높아서 장기 집권을 하는 것은 아닌 것 같다. "따로 선택지가 없다"는 소극적 지지고, 안전운전을 기대하는 의미에서 보다 전통 있는 자민당의 아베가 선택된 듯하다. 이것이 일본의 현재라고 봐야 할 것 같다.

위기는 기회,
자연을 디자인하라

요즘 일본에서는 '고급' 식빵이 유행이다. 얼마 전 일본에 갔을 때 식빵을 선물하는 것을 봤을 정도다. 일본 사람들은 누군가와 만날 때 과자를 주로 선물한다. 일본에 사는 친구들이 한국의 나한테 놀러올 때도 꼭 일본 과자를 선물로 가져온다. 그런데 식빵을 선물하는 건 처음 봤다. 종이 가방에 들어 있어서 그런지 어딘가 고급스럽게 보였다. 식빵이라고 하면 빵 중에서도 가장 서민적이고 저렴한 빵인데, 이 앞에 '고급' 자를 붙여 새롭게 탄생시킨 듯했다. 궁금해서 고급 식빵 전문점을 찾아가 봤다.

도쿄 아자부주반은 고급 음식점이 많은 곳인데, 거기에 최근 문을 연 '노가미'라는 가게가 있었다. 평일 오전인데도 불구하고 수십 명이 줄을 서 있었다. 구매하려면 30분 정도 기다려야 한다고 했다. 방송국에서 나온 취재진도 있었다. 기다리는 사이에 가게 주인한테 물어보니, 노가미는 오사카 우에혼마치에서 5년 전에 시작했는데 지금은 전국에 점포가 110개까지 늘어났고, 모두 합쳐서 하루에 5만 개의 고급 식빵이 팔린다고 했다.

주사위형 하프 사이즈가 432엔(약 4300원), 그 두 배인 레귤러 사이즈가 864엔(약 8600원)이었다. 생각보다 비싸진 않았다. 노가미의 붐을 타고 더 비싼 고급 식빵 전문점도 전국적으로 늘어나고 있는 추세라고 했다.

오사카의 우에혼마치는 내가 5년 전에 살았던 동네인데, 노가미의 존재는 전혀 몰랐다. 급격한 고급 식빵 붐으로 갑자기 점포가 늘어난 것이다. 먹어 보니까 쫄깃하면서도 부드러워 확실히 맛있긴 했다. 좋은 재료를 쓴다고는 하지만 그래 봐야 식빵일 텐데 왜 붐까지 일어난 걸까 궁금해졌다. 혹시 식빵이라는 서민적인 이미지에 고급이라는 수식어를 붙여 의외의 조합을 만든 덕분은 아닐까 싶었다. 어쨌든 예쁜 포장까지 해주니 선물하기에도 딱 좋아 보였다.

그러고 보면 일본은 참 포장을 잘한다. 고급 식빵 붐은 오사카에서 시작해서 전국으로 퍼진 경우인데, 이렇게 일본의 '포장 문화'가 지방을 살리는 힘이 되기도 한다. 반면에 한국에서 지방을 여행할 때마다 느끼는 거지만, 지역마다 고유의 매력을 잘 살리지 못하고 있는 것 같아 매번 아쉬웠다. 어딜 가나 비슷한 관광 상품이 많고, 아파트 위주의 풍경도 어딜 가나 닮은꼴이다.

나는 오사카에서 태어났지만 초등학교 3학년 때 시코쿠 고치현으로 이사해서 고등학교를 졸업할 때까지 10년을 거기서 살았다. 부모님의 고향이 거기였다거나 아버지의 전근 같은 이유 때문이 아니었다. 부모님은 고치와 아무런 인연이 없었다. 오사카에서 학원을 경영하던 아버지가 갑자기 "시골에 가서 농사를 짓고 싶다"고 한 것이 계기였다. 우리는 몇몇 후보지를 가족 여행 삼아 돌아다닌 다음 고치를 정착지로 정했다. "바다와 강, 산이 있고 음식도 맛있고 공기도 좋다"는 게 고치에 정착하게 된 이유였다. 덕분에 나는 여름엔 매일같이 바다나 강에 가서 물고기를 잡고, 등산이나 캠핑을 즐기며 자랐다. 그렇다. 고치의 매력은 '자연'이며 고치는 그 매력을 잘 살리는 곳이다.

고치에 맛있는 것이 많지만 그중 하나만 들자면 가쓰오노 다타키(가다랑어를 살짝 구운 요리)다. 다른 데서도 가쓰오노 다타키를 먹어봤지만 고치의 그것과 비교가 되지 않았다. 고치의 가쓰오노 다타키는 정말이지 압도적으로 맛있다. 고치는 가쓰오잡이로 유명한 만큼 신선한 가쓰오를 얻기 쉽기도 하지만, 그 맛의 비결은 무엇보다 짚에서 살짝 구워내는 데 있다. 센 불로 표면만 구워 고소한 향기가 나는 게 일품이다. 도시에서는 짚 자체를 구하기도 힘들고 보관하는 공간 때문에 어마어마한 비용이 들어 곤란하다. 고치처럼 짚이 많이 나오고 땅값도 싼 곳이어야 가능한 음식이다.

그렇다고 짚에 구운 가쓰오노 다타키가 처음부터 전국적으로 유명했던 것은 아니다. 그 계기는 가쓰오잡이 어부와 디자이너의 만남이었다. 한 가쓰오잡이 어부가 "가쓰오 가격이 내려가서 폐업 위기를 겪고 있다"며 디자이너한테 도와달라고 요청했다. 가쓰오잡이는 한 마리 한 마리를 낚시로 잡기 때문에 인건비 부담이 클 수밖에 없다. 디자이너는 '한 마리 한 마리 잡는 어법'과 '짚에 구웠다'는 점을 전면에 내세운 디자인으로 가격대를 올려서 팔기 시작했다. 그 결과 전국에서 주문이 들어와 8년 만에 20억 엔(약 200억 원)을 버는 산업으로 성장했다.

고등학생 때 고치성 근처에 고치의 맛있는 음식들을 모아 놓은 히로메시장이 생겼다. 거기서 가쓰오를 짚에 구워서 다타키를 만드는 과정을 봤다. 고등학교 바로 앞이라 자주 가서 막 구운 다타키를 먹기도 했다. 지금 생각하면 정말 행복한 고등학교 시절이었다. 눈앞에서 굽는 다타키는 재미있는 볼거리였고, 이것이 소문이 나서 단숨에 인기 관광 상품이 됐다.

이런 고치의 매력을 살린 아이디어를 내놓은 것이 바로 디자이너 우메바라 마코토다. '일본의 풍경을 다시 만들자/1차산업×디자인=풍경'이라는 우메바라 씨의 '작품'들을 소개하는 책을 보면서 내가 그동안 얼마나 그의 아이디어 때문에 즐겁게 살아왔는지를 알게 됐다.

'모래사장 미술관'의 티셔츠 아트도 그중 하나였다. 고치현 구로시오쵸의 모래사장에 사진이나 그림 등을 프린트한 티셔츠를 빨래처럼 전시하는 것이 그것이다. 바닷바람으로 나부끼는 티셔츠는 유명한 아티스트의 작품일 때도 있고, 일반 공모로 채택된 것일 때도 있다. 1989년에 시작해서 2019년 30주년을 맞이했다. 처음 시작하던 그해는 한참 버블 경제기였다. 지방 곳곳에서 대형 리조트 시설들이 잇따라 만들어졌고, 모래사장 미술관이 되는 바닷가에도 호텔과 골프장 건설 계획이 있었다. 이 계획이 실현되기 전에 버블 경제가 붕괴된 것이 다행이라면 다행이었다. 어쨌든 티셔츠 아트는 돈이 안 들고 자연을 살린 관광 상품으로 주목을 받게 됐다.

모래사장 미술관은 미술관이라지만 건물은 없다. 우메바라 씨가 생각한 것은 '우리 마을에는 미술관이 없습니다. 아름다운 모래사장이 미술관입니다'라는 콘셉트였다. 길이 4킬로미터의 모래사장 자체가 예술이다. 바람도 파도도 소나무도 모래사장 미술관의 전시품이며 관장은 바다에 있는 고래다.

우메바라 씨는 이 지역의 특산품 락교(염교)에도 주목했다. 그동안 락교는 그냥 먹는 것으로만 생각했지만, 우메바라 씨는 락교의 꽃을 '꽃구경'의 대상으로 본 것이다. 락교는 핑크색의 예쁜 꽃을 피운다. '락교의 꽃구경'이라는 포스터를 만들자 그전과 아무 변화가 없었는데도 락교 밭을 보러 오는 사람들이 생겼다. 방송국 NHK의 전국 뉴스로 '락교 꽃구경의 계절이 왔습니다'라고 소개되면서 전국적으로 유명하게 됐다.

우메바라 씨는 "모든 기본은 1차 산업에 있다. 1차 산업이 일본의 풍경을 만들고 있다"고 강조했다. 이런 생각은 그가 고치 출신이기 때문에 가능했을 것이다. 나도 기본적으로 그와 같은 생각이다.

2년 전쯤 안동 하회마을에 간 적이 있다. 하회마을을 둘러본 다음 최근에 생겼다는 경북도청을 보러 갔다. 주변 환경에 어울리지 않기도 했지만, 청와대 같은 어마어마하게 큰 건물에 깜짝 놀랐다. 버블 경제기엔 일본도 지방에 큰 건물들을 많이 지었지만 이제는 생각하기 힘든 일이 됐다.

2025년 오사카 만박(만국박람회) 개최가 결정됐다. 사실 오사카에선 이를 별로 좋지 않게 생각하는 사람들이 많다. 대성공을 거둔 1970년 오사카 만박은 급속도로 경제가 발전했던 시기에 개최됐다. 그런데 이번 결정엔 "세금이 아깝다"는 부정적인 반응도 적지 않다.

버블 경제의 붕괴가 일본의 지방을 디자인으로 살리는 계기가 된 것 같다. 한국도 지금 경제가 어렵다고 한다. 하지만 위기는 기회다. 지방에는 아직 많은 보물이 잠자고 있다. 조금만 다르게 생각하면 엄청난 관광 상품이 될 수도 있다. 돈이 들지도 않고 자연을 파괴하지도 않는 지방 살리기는 일본의 '포장' 문화에서 그 힌트를 찾을 수 있지 않을까.

일본의 현재를 알 수 있는 소설
《한자와 나오키》

　경복궁 근처의 한옥 게스트하우스를 방문한 적이 있다. 일본에서 온 지인을 만나기 위해서였다. 《윤동주 평전》이라는 두꺼운 책을 일본어로 번역하기도 한 지인은 윤동주 시인의 팬이다. 그는 KBS가 주최하는 삼일운동 100주년 기획 '윤동주 콘서트 별 헤는 밤'이라는 행사에 초대를 받아서 한국에 온 것이었다.

　그 이야기를 들은 게스트하우스 주인 가족은 일행을 반갑게 맞았다. "우리 가족은 일본 소설을 좋아한다"며 몇 권의 책을 보여주기도 했다. 나쓰메 소세키, 다자이 오사무, 가와바타 야스나리 등 일본을 대표하는 작가들의 한국어판이었다. 게스트하우스의 주인은 "몇 번씩 되풀이해 읽었다"며 "일본에 여행을 가서 소설에 나오는 곳을 방문하기도 했다"고 말했다. 한국과 일본의 문학에 대해 한참 즐겁게 대화를 나누다가 주인이 한숨을 쉬며 말했다. "그나저나 한·일 관계가 악화돼서 걱정이네요……."

일본 정부의 한국에 대한 수출 규제를 계기로 한·일 관계가 급속히 나빠졌다. 어학연수까지 포함하면 5년 정도 한국에서 살고 있는 내가 볼 때 지금이 한·일 관계 최악의 상황인 것 같다. 마음 아픈 일이 아닐 수 없다. 나를 걱정해주는 한국 친구들도 많다. 아직 피해를 본 건 없지만 앞으로 어떻게 될지 걱정이 많은 건 사실이다. 가장 마음에 걸리는 건 다음 비자 갱신이다. 지난번 갱신할 때도 출입국관리사무소에서 추가로 필요하다는 서류가 늘어나서 몇 번을 왔다 갔다 했다. '한·일 관계 때문에 이런 건가?'라고 생각할 정도였다. 한국에 거주하는 일본 사람 중에 나와 비슷하게 느끼는 사람들이 적지 않다.

도쿄행 비행기 값이 평소보다 저렴하다고 한다. 일본에 가기로 했던 한국 사람들이 잇따라 취소했기 때문이다. 일본에 가더라도 주변에 이야기하지 않고 SNS에도 올리지 않는다는 이야기도 들었다. 솔직히 한·일 관계가 그렇게 좋았던 적은 없지만 최근 몇 년간은 그동안의 상황보다 훨씬 더 안 좋아

보인다. 특히 정치적으로는 최악으로 치닫는 것 같다. '그래도 문화 교류는 활발해야 하는데 정말 그럴까' 걱정하며 광화문 교보문고에 나가 봤다. 외국 소설 코너에 평소대로 일본 소설이 많이 보여서 마음이 조금 놓였다.

한국에서 가장 인기가 많은 일본의 소설가는 히가시노 게이고와 무라카미 하루키다. 그런데 판매 순위를 보면서 반가웠던 건 이케이도 준의 《한자와 나오키》가 보여서였다. 2013년 일본에서 방송된 같은 제목의 드라마는 일부 지역에서 순간 최고 시청률이 50%를 넘을 정도로 인기를 끌었다. 일본에서의 원작 소설은 다른 제목이지만 드라마의 지명도가 높아서 그런지 한국에서는 소설도 '한자와 나오키'라는 제목으로 출판됐다.

주인공 한자와 나오키는 은행원인데 책 속에는 은행 안의 승진을 둘러싼 치열한 경쟁, 거래처 기업들과의 밀당, 채권 회수 등의 장면이 아주 자세하게 그려져 있다. 그건 작가 본인이 은행원 출신이기 때문에 가능했던 것 같다.

드라마 〈한자와 나오키〉는 일반 회사원들이 가진 욕구를 대변했기 때문에 큰 히트를 친 것으로 알고 있다. 이 드라마가 히트를 치면서 유행한 대사는 "바이가에시倍返し"다. 배로 갚는다는 뜻으로 2013년 유행어 대상을 받았다. 한국어판 소설

부제는 '당한 만큼 갚아준다'지만 원래는 두 배로 갚는 복수극이다.

한국 사람들이 보기에도 일본 사람들은 전체적으로 얌전해 보일 것이다. 특히 도쿄는 사람이 많음에도 불구하고 지하철이나 엘리베이터 안에서 이야기하는 사람이 별로 없다. 부부든 친구든 일본 사람들은 불만이 있어도 말로 표현하지 않고 참는 경우가 많다. 하물며 회사 상사에게 대드는 일은 거의 없다. 참는 것을 미덕으로 여기는 '이상한' 문화가 있기 때문이다. 분위기를 깨고 발언하는 사람을 'KY'라고 부르며 안 좋게 볼 정도다. 분위기 파악을 못 한다는 뜻으로 '구키오 요메나이 空気を読めない'에서 온 신조어다.

그런 일본에서 상사에게 두 배로 갚는다는 것은 현실적으로 어려운 일이다. 그래서 마음속으로는 상사가 잘못됐다고 생각하면서도 말로는 표현하지 못하는 회사원들은 이 드라마를 보고 대리 만족을 느꼈을 것이다.

실제로 한국의 뉴스 중 일본에서 크게 관심을 불러일으키는 뉴스가 '갑질' 관련 뉴스다. 일본에서는 '파와하라'라고 한다. 파워 허래스먼트 power harassment의 줄임말이다. '땅콩 회항' 사건이나 '물컵 갑질' 사건 등이 일본에서도 큰 화제가 됐었다. 아마도 갑질은 한·일 공통의 관심사인 것 같다. 그런 의

미에서 《한자와 나오키》의 복수극이 한국 독자들에게도 카타르시스를 선사한 듯하다.

나의 경험으로 보면 일본 사람보다 한국 사람이 더 상사에게 의견을 정확히 이야기하는 편인 것 같다. 그것을 알게 된 건 대학생 때였다. 한국에서 1년의 어학연수를 마치고 일본에 돌아와 한국어를 쓰는 아르바이트를 찾다가 한국 식당에서 서빙 일을 하게 됐다. 나를 제외한 모든 아르바이트생은 한국 유학생이었고 점장도 주방장도 모두 한국 사람이었다. 그런데 나랑 비슷한 나이의 한국 여학생이 자신보다 나이가 두 배는 많아 보이는 점장에게 "그건 아니다"라며 확실하게 말하는 걸 보고 깜짝 놀랐다. 일본 식당이었다면 바로 잘렸을지도 모를 일이다.

일본에서 5년 동안 일을 해본 한국 친구는 소설 《한자와 나오키》를 읽고 "무엇이든 매뉴얼화해서 과정을 중요시하는 일본, 융통성을 앞세워 그때그때 상황에 대처해나가는 한국, 이러한 한·일 차이도 결국은 사람이 만든 조직에서 나온 것이라는 생각이 들었다"고 했다.

일본과 한국은 닮은 듯하지만 살아보면 아주 다르다는 것을 많이 느낀다. 살아보지 않아도 소설이나 영화, 드라마 등을 통해 어느 정도 알 수 있는 부분도 있다. 내가 문화 교류에 힘을 쏟는 것도 단순히 재미있어서가 아니라 쌍방의 문화를 통해 이해할 수 있는 부분이 분명히 있다고 믿기 때문이다. 이런 문화까지 불매 운동의 대상이 돼버리면 그건 정말 안 될 일이라고 생각한다.

소설 《한자와 나오키》는 현재의 일본을 이해하는 데 도움이 될 수도 있다. 소설의 배경은 버블 경제 붕괴 후의 일본이다. 한국 독자들은 1997년 IMF 외환위기를 상기할 수도 있겠다. 일본에서 버블 경제가 무너진 건 1990년대 전반이다. 당시 나는 초등학교 저학년이었기 때문에 실감을 하지 못했지만, 지금 돌이켜보면 영향을 받긴 받았다. 재빨리 붕괴를 알아챈 아버지가 오사카의 집을 팔고 고치로 이사를 했기 때문이다. 버블 경제 붕괴가 없었다면 계속해서 오사카에서 살았을지도 모른다. 부모님 두 분 다 오사카 출신이지만 아버지는 시골에서 살고 싶다는 꿈을 갖고 있었다. 그리고 집값이 폭락하기 직전에 그걸 실현했다.

은행이나 증권회사가 파산하는 뉴스는 남의 일처럼 느껴졌다. 그런데 대학에 입학해서 보니, 버블 경제 붕괴 후 기나긴 불황 때문에 선배들은 좀처럼 취업을 하지 못해 괴로워했다. 그것에 비하면 한국은 외환위기는 물론 그 후의 상황을 정말 빠른 속도로 잘 회복한 것 같다.

정말 오랜 불황기를 겪은 일본은 지금은 경제가 조금 좋다고 한다. 집권 자민당에 대한 젊은 층의 지지율이 높은 것도 이와 무관하지 않아 보인다. 외교야 어떻든 경제적으로 보다 안정적일 거라는 기대감 때문에 자민당을 응원하고 있다는 말이다.

영화 〈주전장〉이
말하고 싶은 것

　일본에서 2019년 4월 개봉한 다큐멘터리 영화 〈주전장〉이 여러 측면에서 화제를 일으켰다. 〈주전장〉은 위안부 문제에 대해 일본과 한국 그리고 미국의 다양한 사람을 인터뷰하고, 서로 다른 주장을 편집해 '논쟁'하는 것처럼 보여주는 영화다. 2018년 10월 부산국제영화제에서 상영됐지만 놓쳐버린 나는 개봉하자마자 도쿄에서 봤다. 주제가 주제인 만큼 재미있을 거라고는 기대를 안 했는데, 2019년 본 영화 중에서 〈기생충〉 다음으로 재미있었다. 최근 몇 년 동안 일본에서는 위안부에 대해 말하는 것조차 어려운 분위기였지만, 이 영화가 화제가 되면서 조금씩 분위기가 달라졌다.

감독은 1983년생 일본계 미국인 미키 데자키다. 영화는 감독이 직접 내레이션을 맡아서 영어로 진행된다. 그 점이 일본에서 받아들이기에 효과적이었던 것 같다. 위안부 관련 영화는 일본 사람이 만들어도 한국 사람이 만들어도 선입견을 갖고 보게 되기 마련이다. 한발 떨어진 곳에서 제3자 입장으로 조명했기에 반향이 있었던 것 같다. 한국에서도 그렇지만 다큐멘터리 영화는 일본에서도 극장 개봉 자체가 어렵다. 하지만 〈주전장〉은 독립영화로서는 '히트'라고 해도 무방한 관객 동원력을 보여줬다.

〈주전장〉은 영화 자체로도 화제가 됐지만, 개봉 후 출연자의 일부가 "감독한테 속았다"며 기자회견을 열어 더욱 화제가 됐다. 이들은 인터뷰 당시 감독이 대학원생이었으며 연구에 협조하는 차원에서 응했다고 했다. 상업영화로 공개될 줄 알았다면 인터뷰를 거절했을 거라는 주장이었다. 미키 데자키 감독도 유튜브에 반박하는 동영상을 올렸다. 동영상에서 감독은 "출연자에게 영화제에 출품하거나 극장에서 개봉하는 것도 생각하고 있다고 전했고, 출연자들은 승낙서(합의서)에 서명했다"고 말했다. 합의서에는 촬영한 영상이나 사진, 음성 등을 감독이 자유롭게 편집해서 이용하는 것에 동의한다는 내용이 있었다. 나도 인터뷰를 많이 해봤지만 미키 데자키 감독처럼 계약서를 만들어서 한 적은 없었다. 역시 미국 사람이라 다르긴 다른 모양이다.

영화 속에서 전개했던 논쟁이 영화 밖으로 나오면서 '리얼 배틀'이 관심을 끌었다. 나도 사실 영화를 보면서 '이 사람들이 어떻게 인터뷰에 응했지?'라는 의문이 들긴 했다. 이들은 주로 '우파'라 불리는 사람들이었기 때문이다. 영화는 객관적으로 여러 주장을 보여주는 것 같지만, 보고 나면 우파의 주장에는 근거가 없다는 것을 느낄 수밖에 없다.

스기타 미오 자민당 소속 중의원 의원의 예를 들어보자. 영화 속에서 그는 위안부의 강제 연행에 대해 "일본 사람들 중에 이런 일을 믿는 사람이 있을까. '그럴 리가 없다. 강제 연행 같은 것을 할 리가 없다'고 생각하는 것이 일반적이다"라고 말하고 있다. "일본 사람이 그런 나쁜 짓을 하겠어?"라고 말하는 셈이다. 이런 근거 없는 말을 당당하게 해버리는 국회의원이 있다니……, 불쾌한 것을 넘어 웃음이 터지는 장면이다.

한국에서는 스기타 미오 의원에 대해 모르는 사람도 많겠지만, 일본에서 그는 매우 유명한 사람이다. 망언이 많기 때문이다. 가장 주목받은 것은 잡지에 'LGBT(성소수자)는 생산성이 없다'는 글을 썼을 때다. '아이를 낳지 않으니 생산성이 없다. 그래서 세금을 쓰면서 지원할 필요가 없다'는 내용이었다.

일본에서는 최근 몇 년 사이에 LGBT의 인권을 지키자는 움직임이 대세가 됐다. 사회적으로 많은 비판이 쏟아졌고 그 글을 실은 잡지는 휴간됐다.

스기타 미오 의원은 '새로운 역사 교과서를 만드는 모임(새역모)' 이사기도 하다. 새역모는 종래의 교과서는 필요 이상으로 일본의 역사를 부정적으로 평가하는 자학사관의 영향을 받고 있다며, 아이들이 일본인으로서 자신을 가질 수 있는 교과서로 바꾸자고 주장하는 단체다. 일본 학교에서 위안부에 대해 거의 안 가르치는 것은 새역모와 같은 단체의 영향력이 꽤 크기 때문이기도 하다.

그런데 감독은 우파 비판을 하기 위해 이 영화를 만든 것이 아니다. 인터뷰를 보면 "일본 사람과 한국 사람이 위안부 문제에 대해 서로 화해하는 날이 반드시 올 거라고 믿고 있다. 그러기 위해서 먼저 해야 하는 일은 서로의 의견을 잘 듣고 이해하는 것"이라고 말한다. 이 영화를 만든 이유가 바로 그것이다. 내가 보기에도 이 문제에 관해서는 감정만 앞설 뿐 제대로 대화를 못 하고 있다. 가장 큰 이유 중 하나가 일본 사람들의 무관심이다. 〈주전장〉에도 위안부에 대해 잘 모른다고 답하는 일본의 젊은 사람들이 등장한다.

특히 최근 몇 년 동안 위안부에 대한 이야기가 일본에서 금

기시돼온 것은 내가 근무했던 아사히신문과 관련된 일이기도 하다. 그 하나가 우에무라 다카시 전 아사히신문 기자에 대한 공격, 이른바 '우에무라 배싱'이다. 나도 아사히신문에 재직하고 있던 시기에 일어난 일이라 명확히 기억하고 있다. 미키 데자키 감독 또한 위안부 문제에 관심을 갖게 된 계기가 우에무라 배싱이었다고 한다. 영화에도 우에무라 씨가 등장한다.

우에무라 씨는 1991년 김학순 할머니가 최초로 위안부 피해자임을 공개 증언하기 사흘 전에 아사히신문에 위안부 기사를 썼다. 그 기사 속에 '여자정신대'라는 말도 썼다. 그 당시는 한국에서도 여자정신대라는 말을 위안부라는 뜻으로 쓰고 있었다. 그러나 우파의 공격 대상이 되면서 주간지에 우에무라 씨가 쓴 위안부 기사가 날조라고 보도됐다. '위안부 문제는 아사히신문이 날조한 것'이라는 오해까지 퍼졌다. 2014년 아사히신문을 조기 퇴직해서 고베쇼인여자학원대학에 취임할 예정이었던 우에무라 씨는 취임 전에 고용 계약이 해지됐다. 주간지의 보도로 인해 대학에 매일같이 "왜 날조 기자를 고용하느냐"는 항의 전화나 메일이 쇄도했기 때문이다.

나는 아사히신문 입사 전부터 서울 특파원이었던 우에무라 씨의 존재를 알고 있었지만 그를 직접 만난 것은 퇴사 후인 2017년 한국에서였다. 우에무라 씨는 현재 한국 가톨릭대학

초빙교수로 재직 중이며 일본 진보 잡지 〈주간 금요일〉 발행인이기도 하다. 그는 매주 한·일 간을 왕래하고 있다.

우에무라 배싱에 대해서는 언론 보도나 우에무라 씨가 쓴 책《나는 날조 기자가 아니다》를 통해 알고 있었지만, 최근에 서울 강연회에서 그로부터 직접 들을 기회가 있었다. 이때 우에무라 씨 앞으로 보내온 편지와 사진을 봤는데, '매국노', '일본에서 나가'라는 말들이 가득했다. 일본에서 위안부 관련 기사를 쓰면 이러한 비방과 중상을 당하기 일쑤다. 나 또한 비슷한 일을 겪었다. 최근 아사히신문 온라인 기사에 위안부 관련 다큐멘터리 영화에 관해 썼더니, 역시 트위터에 나를 보고 '국민의 적'이라고 쓰는 사람이 있었다. 그렇지만 응원해주는 사람들도 많다. 우에무라 씨를 '날조 기자'라고 보도한 우파 논객에 대해서는 재판 투쟁 중이며 우에무라 씨를 지원하는 사람들이 일본에도 한국에도 많다. 그것이 그가 밝은 표정을 짓는 이유인 것 같다.

2018년 12월 도쿄에서 열린 한 영화제에서 〈침묵〉이라는 위안부 관련 다큐멘터리 영화가 상영됐다. 이날 상영 후 대담에 재일코리안 박수남 감독이 참석할 예정이었으나 참석하지 못하고 대신 감독의 딸이 왔다. 딸에 따르면 감독은 다른 상영회 때 우익 단체의 상영 방해로 몸도 마음도 피곤한 상태라 오지 못했다고 했다. 〈침묵〉 상영 시 가두 선전차가 와서 상영 중 지를 요구하는 등 여러 방해를 당했던 모양이었다.

이 문제에 대해 일본 전국 140명의 변호사가 변호인단을 구성, 우익 단체의 접근을 제한하는 가처분을 신청했고 법원은 가처분을 받아들였다. 감독과 영화를 지키자는 변호사들이 많이 모인 것은 정말 반가운 소식이었다. 〈주전장〉 상영에 관해서 일부 출연자가 상영 금지를 요구한 것 외에는 직접 극장 등에 방해가 없었던 것은 이 때문인 것 같았다.

〈주전장〉이 위안부에 대해 일본 국내에서 자유롭게 논의할 수 있는 계기가 됐으면 좋겠다. 한국에서는 아베 총리의 '사과하지 않는' 태도만 강조되지만, 사실 일본 국내에도 여러 의견이 존재한다. 〈주전장〉은 이런 것을 알 수 있는 영화기도 하다. 감독이 기대하는 한·일 간의 화해가 언제 이뤄질지는 모르겠지만, 서로의 다양한 의견부터 듣고 싶다.

〈고독한 미식가〉를 통해 본
한국과 일본의 음식 문화

 한국에서 가장 인기가 많은 일본 TV 프로그램은 아마도 〈고독한 미식가〉가 아닐까 싶다. 나를 처음 만났는데도 내가 일본 사람인 줄 알면 "〈고독한 미식가〉를 즐겨 보고 있다"고 말하는 사람도 있을 정도다. 내가 출연하는 것도 아닌데 '일본'이라고 하면 바로 〈고독한 미식가〉가 떠오르는가 보다. 전혀 일본어를 못 하면서도 "우마이(맛있다)"라고 주인공 이노가시라 고로의 말투를 흉내 내는 사람도 많이 봤다.
 사실 〈고독한 미식가〉는 일본에서는 그렇게까지 인기가 높은 드라마는 아니다. 나도 일본에 있을 때는 그런 프로그램이 있다는 정도로만 알고 있었는데, 한국에 와서 거의 매일같이

케이블 방송에서 하는 걸 보고 팬이 됐다. "한국에서 인기가 엄청나다"고 하면 일본 친구들은 "왜?" 하고 하나같이 놀란다.

고로가 일 때문에 어딘가에 갔다가 그 근처에서 혼자 밥을 먹는 단순한 스토리를 가진 이 드라마가 이렇게까지 한국에서 인기를 끄는 이유가 뭘까? 그중 하나는 일본 음식에 대한 높은 관심 때문일 것이다. 그리고 드라마 속에서 고로가 먹는 곳이 실제로 있는 가게라는 것도 하나의 이유일 것이다. 실제로 일본을 방문하는 한국 사람들의 가장 큰 관심은 일본 음식이라고 한다.

한국과 일본을 왔다 갔다 하는 나도 기회가 있을 때마다 〈고독한 미식가〉에 소개된 가게를 찾아가곤 한다. 나뿐만 아니라 소위 '고독한 미식가 투어'를 하며 블로그에 글을 올리는 한국 사람들도 꽤 많다.

내가 최근에 찾아간 곳은 일본이 아닌 한국의 전주다. 전주국제영화제 때문에 전주에 간 김에 〈고독한 미식가〉 시즌7에 등장한 '토방'이라는 가게를 찾아갔다. 식당 안에는 고로를 연기하는 마쓰시게 유타카 씨의 사인이 걸려 있었다. 날짜를 보니 2018년 5월 10일이었다. 그날도 영화제 때문에 전주에 있었는데 마쓰시게 씨를 못 봤다니 아쉬웠다.

여담이지만 일본에서 길을 가다가 우연히 〈고독한 미식가〉

를 촬영 중인 마쓰시게 씨를 본 적이 있다. 오사카 우리 집 근처 오코노미야키 집이었다. 늘 TV에서 보던 얼굴인데 집 근처에서 봐서 아는 사람인 줄 착각하고 "곤니찌와(안녕하세요)"라고 해버렸다. 그런 일이 자주 있는지 마쓰시게 씨도 "곤니찌와" 하고 웃어줬다. TV에서 봤던 대로 싹싹한 사람인 것 같았다.

전주의 토방 이야기로 돌아가자. 마쓰시게 씨가 〈고독한 미식가〉 촬영 때문에 한국에 왔다는 것은 그 당시 뉴스를 통해 알고 있었다. 어디서 먹었는지가 친구들 사이에서 화제가 되기도 했다. 유명한 일본 배우가 한국에 와도 이렇게까지 반응이 뜨겁지 않은데, 한국에서의 대단한 인기에 마쓰시게 씨 본인이 가장 놀라지 않았을까 싶다.

극 중에서는 고로가 토방에서 먹은 것을 '셀프 비빔밥'이라고 소개했다. 그런데 실제 메뉴는 가정식 백반이었다. 일본에서는 밥에 반찬이나 국물을 섞어 먹는 문화가 별로 없기 때문에 신선했던 모양이다. 〈고독한 미식가〉에서는 고로가 자기만의 비빔밥을 만들며 즐기는 모습이 방송됐다.

나는 한국 음식을 사랑하지만 흰밥만큼은 일본이 더 맛있는 것 같다. 한국은 기본적으로 반찬과 국물을 같이 먹기 때문에 흰밥만 먹는 경우가 별로 없어서 흰밥 맛에 그렇게 집착하지 않는다. 이에 반해 일본은 흰밥 자체의 맛을 추구하는 편이다.

내가 신문기자로 2년 동안 근무했던 도야마는 흰밥이 감동적으로 맛있었다. 쌀이 맛있기 때문이기도 하지만 그보다 물이 맛있어서였다. 도야마의 수돗물은 국제적인 품질 콩쿠르에서 상을 받을 정도로 그 맛을 인정받고 있다. 맛의 비결은 산이다. 도야마에는 다테야마 연봉이라는 3000미터급 산들이 줄지어 있다. 일본에서 가장 많이 눈이 내리는 지역이기도 하다. 높이 20미터나 되는 거대한 눈의 벽은 '눈의 대곡'이라고 불리며 세계적으로 인기가 많은 관광지다. 엄청난 양의 눈이 도야마의 수원이다.

쌀과 물이 맛있다는 것은 사케가 맛있다는 것이기도 하다. 거기다가 해산물도 정말 맛있다. 도야마의 해산물은 일본에서 가장 맛있는 것 같다. 나만 그런 게 아니다. 전국에 전근을 다니는 일본 신문기자들의 공통된 평가다. 저렴한 회전 스시도 도쿄나 오사카의 고급 스시 집보다 훨씬 맛있다. 이야기가 잠시 빗나갔지만 일본 음식 이야기를 하는데 도야마를 빼놓을 수는 없다. 한국에서 음식 대표 선수가 전주라면 일본은 도야마다.

한국의 〈고독한 미식가〉 팬들은 잘 먹는 고로를 보는 것을 좋아한다고 한다. 고로는 혼자서 여러 메뉴를 주문해서 하나씩 음미하며 먹는다. 한글을 못 읽는 고로는 토방에서는 일단 가장 저렴한 메뉴를 시키고 그다음에 추가할 생각이었지만 결국 가정식 백반만 먹고 끝났다. 잘못 주문한 거 아닌가 싶을 정도로 많은 반찬이 나왔기 때문이다. 일본에서 놀러 오는 친구들도 한국의 다양한 반찬에 감동한다. "이게 다 공짜냐?"며 정신없이 먹는 모습은 볼 때마다 흐뭇하다. 나도 토방에서 고로와 같이 나만의 비빔밥을 만들고 청국장도 같이 섞어서 한국다운 음식 문화를 즐겼다.

그런데 수많은 일본 먹방 프로그램 중에서 〈고독한 미식가〉가 특별히 인기가 많은 이유는 뭘까? 그 답은 '고독'에 있는 것 같다. 고로가 전주로 출장 갈 때는 서울에서 직원도 동행했다. 한국에서는 출장을 같이 갈 경우 밥을 따로 먹는 일은 거의 없을 것이다. 그렇지만 〈고독한 미식가〉는 혼자 먹는 것이 콘셉트인 만큼 고로는 전주에서도 혼자 셀프 비빔밥을 즐겼다.

한국에서도 요즘은 '혼밥'이라고 혼자 밥을 먹는 문화가 정착된 듯하다. 그런데 실제로는 혼자 밖에서 밥을 먹는 것이 약간 어색하다는 사람이 여전히 많은 것 같다. 일본에서는 아무렇지 않게 혼자 밥을 먹는 일본 사람도 한국에서는 주변 시선 때문에 불편하다고 한다. 그래서 아주 당당하게 혼자 밥을 먹는 것을 즐기는 고로의 모습에 동경심을 느끼는 것 같다. 실제로 일본에서는 혼자 밥을 먹는 것이 너무나 당연하다. 오히려 같이 먹고 싶어도 쉽게 말을 못 꺼내는 사람이 많을 정도다. 나는 같이 먹는 한국 음식 문화를 좋아하지만, 혼자 먹어도 편한 일본 음식 문화가 그리울 때도 있다.

〈고독한 미식가〉에 나오는 가게는 대부분 도쿄에 있다. 요즘 도쿄에 갈 때마다 찾아다니는데 그중에서 특별히 맛있었던 가게는 시즌1에 나왔던 돈가스 집 '미야코야'다. 사기노미야역 근처에 있는 가게에 들어가 보니 손님은 대부분 근처에 사는 사람들인 것 같았다. 〈고독한 미식가〉에 나오는 가게는 그런 서민적인 가게가 많다. 그래서 관광지가 아닌 일본의 일상적인 모습을 볼 수 있는 재미도 있다. 여기서 내가 주문한 건 굴튀김이었다. 그러고 보니 한국에서 굴전은 많이 먹어 봤는데 굴튀김은 먹어 본 적이 없는 것 같다. 한국말로 튀김이라고 하는 음식은 일본에서는 전혀 다른 두 가지 음식이다. 하나는 프라이고, 다른 하나는 덴뿌라다. 여기서 먹은 굴튀김은 프라이다. 일본에선 빵가루를 묻혀서 튀기는 '프라이'는 양식으로 여기고, 밀가루를 묻혀서 튀기는 '덴뿌라'는 일식으로 여겨 전혀 다른 요리로 취급한다. 그래서 일본 사람들은 한국에서 돈가스가 일식으로 분류된 것을 보고 고개를 갸우뚱거린다. 일본에서는 양식이라고 생각하기 때문이다.

하여튼 일본 사람들은 바삭한 튀김 옷 안에 즙이 많은 굴이

들어 있는 굴튀김을 자주 먹는다. 한국에서도 인기가 있을 만한 메뉴인데 한국에서는 파는 곳을 보지 못했다. 오랜만에 먹어서 그런지 너무 맛있고 행복했다. 고로가 여기서 먹은 건 돈가스와 치킨가스가 같이 나오는 믹스가스정식이었다. 거기다가 돼지고기를 마늘소스로 구운 로스마늘구이를 추가로 시켜 먹었다. 고로는 정말 잘 먹는다.

〈고독한 미식가〉에 나온 가게들을 다니면서 느낀 건, 방송에 나왔다는 것을 자랑하지 않는다는 것이다. 사인 정도는 있어도 따로 눈에 들어오는 건 없는 가게가 대부분이었다. 반대로 한국에서는 방송 출연을 하면 큰 간판을 만들어서 손님들에게 어필하는 경우가 많다. '방송에 나왔으니까 맛있겠지' 하고 가는 건 맞는데, 그것을 자랑하지 않는 가게가 더 맛으로 승부하는 것처럼 느껴지는 것은 일본적인 감각 때문일까.

나처럼 '고독한 미식가 투어'를 하는 한국 사람들은 어떤 것을 느끼며 다니는지 한번 물어보고 싶다.

닮은 듯 다른 매력,
일본에서 시동 건 한국 소설

 '코로나 19'로 영화관을 못 간 지 꽤 오래 됐다. 다니는 연구소도 재택근무를 실시하고 있어 집에만 있다 보니 독서 시간이 엄청 늘어났다. 특히 한국 소설에 푹 빠져 지냈다. 최근에 일본 친구들한테 한국 소설을 읽고 있다는 이야기를 자주 들었다. 일본어로 번역되는 한국 소설이 많아져서 일본 독자층이 늘어난 것이다. 한국 소설 코너를 따로 만드는 서점도 있다. 나는 평소에 한국 소설은 한국어로 읽지만 궁금해서 일본어판도 읽어 봤다. 김애란 작가의 《바깥은 여름》의 일본어판은 번역본이라는 것을 잊어버릴 정도로 표현이 자연스러웠다. 덕분에 몰입해서 읽었다.

《바깥은 여름》은 단편 소설 일곱 작품으로 구성된 소설집이다. 공통된 주제는 상실인데, 세월호 침몰 사고가 배경에 있는 듯하다. 일본도 동일본 대지진을 경험해서 그 상실에 공감하는 사람이 많을 것이다.

2013년 나는 신문기자로서 처음으로 한국에 출장을 왔는데, 마침 그때 무라카미 하루키의 소설《색채가 없는 다자키 쓰쿠루와 그가 순례를 떠난 해》가 한국에서 출판됐다. 발매 전에 한국 출판사들의 판권 경쟁이 치열했고, 결국 엄청나게 비싼 금액으로 팔렸다는 뉴스를 봤었다. 한국에서 일본 소설 팬, 출판사, 서점 등을 취재해서 얼마나 인기가 많은지에 대한 기사를 썼다.

그 취재를 하면서 문득 왜 한국 소설은 일본에서 안 팔리는지 의문이 들었다. 읽어 보면 재미있는 소설도 많은데 말이다. 아마 한국 소설만의 매력을 일본에 고스란히 전달하는 번역가가 부족해서 그런 것이 아닌가 싶었다. 그 당시 한국어로 한국 소설을 읽을 수 있는 일본 사람이 얼마나 됐겠는가.

내가 한국어학당을 다녔던 2002년엔 한국어를 배우는 일본 사람이 아주 적었다. 그래서 1년만 배워도 '한국어를 잘하는 일본 사람'으로 평가받았다. 드라마〈겨울연가〉로 시작한 한류 붐 이후 한국어를 배우는 일본 사람이 갑자기 늘어났다. 말을 배우면 자연스럽게 책을 읽게 되는 법이다. 그때부터 십수 년이 지나 이제 한국문학이 일본에서 자리 잡고 있는 듯하다.

"일본 독자들에게 한국문학은 그 거리감이 적당하다"고 말하는 사람도 있다. 유럽이나 미국의 문학은 뭔가 일본하고는 상관없는 느낌이지만, 한국문학은 어딘가 일본하고 닮은 듯하면서도 조금 다른 게 흥미롭다는 것이다.

우수한 번역가의 존재도 크다. 문학을 잘 번역하려면 한국어 이해력은 물론, 일본어 표현력도 뛰어나야 한다. 《바깥은 여름》을 번역한 후루카와 아야코 씨도 그중 한 사람이다. 후루카와 씨는 김애란 작가의 《달려라, 아비》나 윤태호 작가의 만화 《미생》 등도 번역했다.

후루카와 씨가 한국어를 배우기 시작한 건 대학 시절인 1990년대였다. 어렸을 때부터 책을 좋아했지만 한국문학은 자기 취향하고는 조금 다르다고 생각했다고 한다. 대학에서 수업 시간에 읽은 한국 소설은 굵고 남성스러운 느낌이었다는 것이다. 그러던 중 윤동주 시인의 〈서시〉, 〈병원〉을 읽고 한국문학에 관심을 갖게 됐다. 대학 졸업 후 일본에서 회사를 8년 정도 다닌 다음, 한국어 교사가 되고 싶어 한국에 유학해 연세대학 교육대학원 한국어교육과를 수료했다. 그 후에도 한국에 머물며 일했는데, 그 사이에 한국문학번역원 번역 신인상을 수상하며 본격적으로 번역가로 활동하기 시작했다.

후루카와 씨는 한국문학의 매력에 대해 "그때그때 시대성이 담겨 있는 것"이라고 했다. 《바깥은 여름》도 후루카와 씨가 구체적으로 언급하지 않았지만, 세월호 사고 후 한국 사회와 개개인이 받은 상처를 담은 소설이다.

후루카와 씨도 일본에서의 한국문학 인기를 피부로 느끼고 있었다. 《바깥은 여름》 출판에 맞춰서 김애란 작가가 일본에 와서 행사를 열었을 때도 객석은 만석이었다. "삼사 년 전까지만 해도 출판사에 한국 소설 번역 기획서를 내면 거절당하기 일쑤였습니다. 출판물이 안 팔리는 시대에 그것도 해외 소설은 더더욱 어려운 분위기였던 거죠. 그런데 요즘은 출판사 쪽에서 먼저 번역 의뢰가 들어옵니다."

한국에서의 무라카미 하루키 소설 정도는 아니지만, 요즘은 일본에서도 한국 소설 판권에 경쟁이 붙는 경우가 종종 있다고 한다. 영화가 전문인 나한테도 한국 소설에 관한 강연이나 소설 후기를 써달라는 의뢰가 들어오고 있을 정도다.

후루카와 씨는 "일본 출판사들이 한국문학 번역·출판에 힘을 쏟기 시작했다. 그중 '쿠온CUON'은 꾸준히 출판해온 레전드"라고 말했다. '쿠온' 김승복 대표는 2013년 도쿄국제도서전에서 처음 만나 잘 아는 사이이다. 그해 도서전의 주제국이 한국이었고, 한강·김연수·김애란 등 한국 작가들도 많이 참여했다. 그 당시 아직 한국문학에 대해 잘 몰랐던 나를 가이드해준 게 김 대표였다.

2007년에 설립된 쿠온은 한국문학을 일본에 알리는 데 큰 역할을 해왔다. 그중 하나가 '새로운 한국문학 시리즈'다. 한강 작가의 《채식주의자》부터 김훈 작가의 《흑산》까지 20권을 번역·출판했다. 김승복 대표는 "처음 전략은 일본 독자들이 접근하기 쉬운 책을 고르는 것이었다"고 말했다. 김 대표는 또 "민주화 운동이 끝난 뒤인 2000년대 이후 한국과 일본의 감수성은 많이 가까워졌다고 본다. 그래서 먼저 2000년대 이후의 한국문학부터 소개하기 시작했다"고 말했다. 뿐만 아니라 쿠온은 일본의 다른 출판사에 한국 책을 소개하는 역할도 해왔다. 일본 출판사에는 한국어를 할 수 있는 사람이 없는 경우가 많아 한국 책을 일본어로 소개하는 책자를 만들어서 배포하는 등 한국 출판사와 일본 출판사를 매개하는 에이전시 역할을 했던 것이다. "일본 서점에 한국문학 코너가 생기는 것이 목표"라는 말을 2013년에 만났을 때 들었는데, 최근 그것이 현실화돼 얼마나 뿌듯한지 모르겠다.

조남주 작가의 소설 《82년생 김지영》이 일본에서 잘 팔리고 있다는 뉴스는 한국에서도 보도된 바 있지만, 사실 그 외에도 여러 한국 책이 일본에서 잘 팔리고 있다. 김수현 작가의 에세이 《나는 나로 살기로 했다》, 하완 작가의 에세이 《하마터면 열심히 살 뻔했다》 등이 대표적이다.

《나는 나로 살기로 했다》는 방탄소년단 정국이, 《하마터면 열심히 살 뻔했다》는 동방신기 윤호가 인기에 불을 붙였다. 김승복 대표는 "계기는 K팝일 수도 있고, 한류 드라마일 수도 있다. 어쨌든 한국 책을 읽는 사람이 많아지는 건 반가운 일"이라고 했다.

쿠온은 출판사나 헌책방이 많은 도쿄 진보초에 '책거리 CHEK-CCORI'라는 한국 북카페도 운영하고 있다. 쿠온에서 나온 책뿐만 아니라 한국 책이나 한국 관련 일본 책도 판다. 30명 정도 수용 가능한 공간에는 한국 문화 관련 행사도 활발히 열리고 있다. 나도 그곳에서 한국 유학이나 한국 영화에 대한 강연을 여러 차례 했다.

영화 〈기생충〉이 미국 아카데미상 4개 부문을 수상한 후에는 책거리에 "축하한다"며 선물을 갖고 오는 일본 손님들이 잇따랐다고 한다. 그 정도로 책뿐만이 아닌 한국 문화 공간으로 인식되고 있는 것이다.

김승복 대표는 환하게 웃으며 말했다. "한국에서도 일본 애니메이션이나 J팝부터 인기를 끌었습니다. 그러다가 하루키를 비롯한 일본 소설이 인기를 얻었는데, 그렇게 될 때까지 시간이 좀 걸렸습니다. 여러 한국 문화를 접하면서 자연스럽게 문학에도 관심을 갖게 되면 이상적이라고 생각합니다. 시간은 걸렸지만 이제 그런 시기가 온 것 같습니다."

기록영화 〈도쿄재판〉
그리고 일본의 전쟁 책임

한국의 광복절인 8월 15일은 일본에서는 종전기념일이다. 일본은 '패전'이라는 말을 잘 사용하지 않는다. 가해국이면서도 '피해자 의식'이 강한 것은 두 번의 원자폭탄 피해를 입고 전쟁이 끝났기 때문일 것이다. 학교에서 식민지 지배에 대해선 거의 배우지 않는다. 반면 수학여행으로 원폭 피해지인 히로시마나 나가사키에 가는 기회는 많다.

2019년 8월 15일 즈음에 열린 제천국제음악영화제를 다녀왔다. 영화제 개막 전에 제천시의회로부터 일본 영화 상영에 반대하는 의견이 있었다고 들었다. 일본 정부의 백색 국가(화이트 리스트) 배제 조치 때문이었다. 통상적으로 국제영화제에서 국가 간의 정치적 갈등을 이유로 어떤 나라의 작품을 상영하지 않는다는 건 있을 수 없는 일이다. 한편 일본에서는 아이치현에서 열렸던 '아이치 트리엔날레 2019'에 출품된 〈표현의 부자유전-그 이후〉가 거기에 함께 있던 '평화의 소녀상' 때문에 전시가 중단됐다. 이것도 있을 수 없는 일이다. 요즘 한·일에서는 이처럼 평소에는 있을 수 없는 일들이 자주 일어나고 있다.

다행히 제천국제음악영화제에서는 예정대로 7편의 일본 영화를 상영했다. 그중 사사베 기요시 감독의 〈오래된 이 길〉을 봤다. 시인 기타하라 하쿠슈와 음악가 야마다 고사쿠라는 실제 인물을 모델로 한 영화다. 둘은 1923년에 일어난 간토 대지진을 계기로 상처 입은 아이들을 위해 함께 동요를 만들기 시작한다. 하지만 일본이 전쟁의 길로 들어서면서 아이들을 전쟁터에 보내도록 장려하는 군가를 만들게 되자 괴로워한다.

이러한 반전反戰 영화가 일본 영화라는 이유로 한국에서 상영을 못 하게 될 뻔한 것이다. 문화인들이 자신의 뜻과 달리 전쟁에 휘말렸던 역사는 한국 사람도 일본 사람과 함께 생각해봐야 한다. 상영 후 관객과의 대화에 참가한 일본 프로듀서는 "일본 우경화에 대해 일본의 일반 시민들은 위기감을 느끼고 있는가?"라는 관객의 질문을 받고 이렇게 말했다. "물론 위기감을 느끼고 있습니다. 일본 사람들은 원폭 피해를 입은 역사를 잊어버려서는 안 됩니다." 그래서 평화헌법을 지켜야 한다는 이야기였지만, 나는 한국에서 한국 관객들을 앞에 놓고도 '전쟁=원폭 피해'라고 이야기하는 것이 마음에 걸렸다. 또한 식민지 지배나 위안부 등의 문제를 언급하지 않은 것에 대해 한국 관객들이 어떻게 느꼈을지도 궁금했다.

그렇지만 나도 한국에 살기 전까지는 일본의 전쟁 책임에 대해 깊이 생각한 적이 별로 없었다. 일본에만 있으면 그런 기회가 많지 않은 건 사실이다. 일본의 전쟁 책임이나 식민지 지배에 대해 많이 배우는 한국과는 큰 차이가 있다. 최근 한·일 갈등도 이런 역사 인식의 차이로 인한 부분이 큰 것 같다.

한·일 갈등이 고조되고 있는 요즘 일본의 전쟁 책임에 대해 많은 생각을 하게 됐다. 그런 시기에 도쿄에서 기록영화 〈도쿄 재판〉을 봤다. 도쿄재판의 정식 명칭인 극동국제군사재판은 태평양전쟁의 종착점이자 전후 일본의 출발점이다. 1946년 5월부터 약 2년 반에 걸쳐 일본인 피고 28명의 전쟁 책임을 묻는 재판이다. 부끄럽지만 나는 도쿄재판에 대해 잘 몰랐다. 쇼와 히로히토 천황이 피고에 포함되지 않았다는 것, 1941년 진주만 공격 시 총리였던 도조 히데키가 재판 결과 교수형에 처해진 것 정도만 알고 있었다. 〈도쿄재판〉은 1983년에 개봉한 영화인데 영상과 음성이 선명해진 디지털 리마스터링 버전으로 재탄생했다. 러닝 타임 277분(4시간 37분)이라는 긴 영화지만 보고 나면 더는 짧아질 수가 없다고 느낄 수밖에 없는 영화다. 미군이 찍은 실제 재판 영상은 170시간이었는데 다른 영상도 추가하면서 줄인 것이다.

고바야시 마사키 감독은 전쟁을 직접 경험한 사람이며, 전쟁 관련 극영화를 만들었다. 〈도쿄재판〉도 처음엔 A급 전범을 주인공으로 한 극영화로 기획했지만 결국 기록영화로 제작됐다. 그래서 그런지 다큐멘터리면서 극영화 같은 느낌이 난다. 나는 영화 속에서 피고들이 모두 무죄를 주장하는 장면이 가장 인상에 남았다. 감독이 이 부분을 강조하는 방식 덕분이었다. 도조가 "무죄"라고 하는 영상만 보여주고 나머지 피고들도 무죄를 주장했다고 내레이션으로 표현하는 것이 아니라, 피고 한 사람 한 사람의 입에서 "무죄"라는 말이 나오는 것을 다 보여준 것이다. 물론 변호사가 무죄를 주장하도록 권한 것도 있겠지만, 영화 전부를 봐도 솔직히 전쟁 책임에 대해 반성하는 태도는 보이지 않는다.

최종적으로 모든 피고가 유죄 판결을 받았고, 도조를 비롯한 7명이 교수형에 처해졌다. 그런데 영화를 보면서 도쿄재판이 정말로 전쟁에 대한 책임을 묻는 재판이었는지 의문이 남았다. 오히려 초점은 윌리엄 웹 재판장과 조셉 키넌 수석 검사의 대결로 보였다. 둘은 쇼와 천황의 면책을 둘러싸고 대결했다. 조셉 키넌 수석 검사는 미국인이다. 더글러스 맥아더 연합군 최고사령관의 뜻을 받아 천황 면책을 위해 싸웠다. 책임을 추구할 입장인 검사가 말이다. 한편 호주인 윌리엄 웹 재판장은 천황의 전쟁 책임을 묻고자 했다. 한국에서의 맥아더는 한국전쟁 때의 인천상륙작전으로 잘 알려진 인물이지만, 일본에서의 맥아더는 전후 일본을 점령·통치한 연합군 최고사령관으로 기억하고 있다. 맥아더 사령관은 천황제를 유지하는 것이 일본을 점령·통치하는 데 유리하다고 생각했던 것이다.

영화 자체는 재미있었고 몰두해서 봤지만, 전쟁 책임에 대해 알고 싶다는 욕망을 만족시키지는 못했다. 오히려 쇼와 천황이 어떻게 전쟁 책임을 면했는지 더 알고 싶어져서 관련 책을 몇 권 구입하기도 했다. 책임의 소재를 애매하게 표현하는 것은 어쩌면 일본적인 방식일 수도 있다. 영화에서 피고들은 검사나 재판관이 묻는 질문에 애매하게 대답한다. 일본의 국회 중계방송 등에서 자주 보는 답답한 풍경과 꼭 닮아 있었다.

개인적으로는 쇼와 천황이 전쟁에 소극적이었다고 하더라도 전쟁 책임을 면할 수는 없다고 생각한다. 미국이 천황제를 유지하는 것이 점령·통치에 유리하다고 판단한 것은 당시 일본 국민들의 감정도 고려했을 것이다. 하지만 정치적 판단으로 전쟁 책임을 제대로 묻지 않은 것이 지금까지 일본 사람들이 전쟁의 '가해'에 대해 생각하지 않게 된 배경이 된 것은 아닐까 하는 게 내 생각이다.

또 놀라웠던 점은 이런 대작 영화가 전후 40년 가까이 지나서야 탄생했다는 사실이다. 이 영화는 베를린국제영화제에서 국제평론가연맹상을 받기도 했다.

〈도쿄재판〉을 만든 회사는 영화사가 아닌 출판사 고단샤다. 출판사가 영화를 만드는 일은 흔치 않다. 1년 정도의 시간이면 만들 수 있을 줄 알고 시작했다가 5년이나 걸렸다고 한다. 그만큼 제작비도 원래 계획보다 훨씬 많이 들었을 것이다. 고단샤로서는 엄청나게 큰 부담이었을 텐데 끝까지 만들어낸 그 용기와 끈기에 박수를 보낸다. 각본과 조감독을 맡은 오가사와라 기요시는 "그만큼 출판사도, 그 당시 일본 사람들도 도쿄재판이 우리의 역사적 과제라고 생각했다"고 말했다.

디지털 리마스터링 버전이 개봉한 첫날에 극장에 갔더니 그날은 상영 후 관계자와 관객의 대담도 있어서 그런지 만석이었다. 일본 전체로 보면 소수일 수도 있겠지만, 일본의 전쟁 책임을 생각하는 의식 있는 일본 사람들도 많은 게 사실이다.

한 관객은 "이 영화를 아베 신조 총리도 봤으면 좋겠다"고 이야기했다. 오가사와라 씨는 "아베 총리뿐만 아니라 국회의원은 모두 봐야 한다고 생각한다. 이건 기본이다. 이 영화도 보지 않고 전쟁에 대해 뭐라 할 수는 없다"고 답했다. 나도 같은 생각이다.

  속 시원하게 뭔가를 다 이해할 수 있는 것은 아니었지만, 적어도 일본이 가해국이었다는 사실과 마주칠 수밖에 없는 4시간 37분이었다.

도쿄재판

사진 제공: 太秦

어떻게 하면 내가 나를
잘 편집할 수 있을까

9년 동안이나 다닌 아사히신문을 퇴사했을 때 "왜 그만뒀어?", "그만두고 뭐하게?" 이런 질문을 정말이지 수십 번은 더 받았다. 아사히신문은 월급도 많고 보람 있는 일을 할 수 있는 회사인 건 사실이다. 어쩌면 주변에서 '아깝다'고 생각하는 게 당연하다.

그런데 아사히신문에 있으면 할 수 없는 일들도 많다. 어느 조직이나 그럴 것이다. 나는 원래 프리랜서로 일하는 게 꿈이었다. 그렇지만 대학원을 졸업하고 바로 프리랜서로 일하기엔 사회에 대해 너무 몰랐고, 또 그럴 만한 능력도 없었다. 9년간 근무하며 유학을 갈 만큼 돈을 모으고 이제 자립해도 되겠다는 생각이 들었을 때 비로소 회사를 떠났다. 한국으로 유학을 와 좋아하는 한국 영화에 대해 배우면서 프리랜서로 중앙 SUNDAY나 아사히신문에 자유롭게 글을 쓰고 있는 지금에 만족한다. 아사히신문에서 일한 9년도 너무나 소중한 경험이지만 그만둔 것을 후회한 적은 없다.

그런데 최근 프리랜서가 사회적 약자라는 것을 절실히 느낄 만한 일이 있었다. 오사카에 혼자 사는 엄마가 사정이 생겨서 이사를 하게 됐다. 일본에서는 흔치 않은 일이지만 아파트 주인이 갑자기 바뀌면서 3개월 내에 나가라고 한 것이다. 엄마는 근처의 마음에 드는 아파트를 찾았고, 비어 있는 집이 있다는 것을 확인하고는 부동산 중개업소에 갔다. 그런데 부동산 중개업소에 의하면, 엄마가 작성한 신청서를 본 집주인이 집을 보여주는 것조차 거부했다고 한다. 나이 많은 여성이 혼자 집을 구하다 보니 아마도 경제적으로 불안정하다고 생각한 것 같았다. 아무 잘못도 없는 엄마가 쫓겨나다시피 한 것도 모자라 오갈 데가 없다고 생각하니 황당하기도 하고 화가 나기도 했다. 엄마가 마음에 드는 곳에 살게 하려면 어떻게 해야 하나 여러 사람한테 물어보고 고민한 끝에, 내가 같이 사는 것으로 임대 계약을 하기로 했다. 그런데 부동산 중개업소는 또 내가 현재 프리랜서라는 것 때문에 계약 명의는 도쿄에 사는 내 남편으로 했으면 좋겠다고 했다. 남편은 사법연수생으로 재판소(법원) 소속이었다. 연수 중인 남편은 되고 일하는 나는 안 된다니……. 소속은 딱히 필요 없다고 생각했는데 현실은 냉정했다. 그래서 갑자기 나처럼 아사히신문을 그만둔 동기들은 어떻게 지내는지 궁금했다.

아사히신문 동기 중 기자는 40명 정도였다. 그중 지금까지 10명 가까이 퇴사했다. 퇴사 후에도 다른 매체에서 기자로 활동하는 경우가 대부분이다. 나 또한 프리랜서지만 글을 쓰는 일을 하고 있다. 글과 관련 없는 전혀 다른 길로 간 동기가 궁금해서 오랜만에 연락해봤다.

하쿠타 사야카라는 이름의 그 동기는 JR도쿄역에 있는 한 가게의 매니저로 일하고 있었다. 일본 전국의 맛있는 음식들을 모아서 파는 '니꼬리나'라는 가게였다. '니꼬리'는 미소 짓는 얼굴을 표현하는 '생긋', '방긋'이라는 뜻의 일본어다. '보고 방긋, 먹고 방긋, 알고 방긋'이라는 것이 이 상호의 콘셉트라고 했다. 내가 방문한 것은 1월 중순이었는데, '생강과 꿀'을 이용한 상품들을 시즌 상품으로 판매하고 있었다. 나가노현산 사과를 사용한 '생강&사과 잼'이나 고치현산 생강을 사용한 '생강 시럽' 등 그 지방에 가지 않으면 구입하기 힘든 상품들이 진열돼 있는 것이 눈에 띄었다.

니꼬리나는 일본 전국에서 가져온 상품을 팔 뿐만 아니라, 도쿄의 소비자들에게 지방 상품의 매력을 전달하기 위해 상품 개발과 포장에도 신경을 많이 쓴다고 했다. 내 동기인 하쿠타 사야카는 이 매장에서 매니저로 일하며 지방의 생산자와 도쿄의 소비자를 연결하는 가교 역할을 하고 있었다. 그녀는 나와 함께 2008년 아사히신문에 입사했지만, 2년 만에 퇴사했다. 그녀는 "고작 2년이었지만 기자 생활이 지금 일에 큰 도움이 되고 있다. 전혀 다른 일 같지만 소재를 어떻게 보여주느냐는 것은 편집과도 비슷하다"고 말했다.

당시 하쿠타는 육아 휴가 중이라고 하며 딸과 함께 약속 장소에 나타났다. 내 동기 중 여성은 40퍼센트 정도 되지만 아이를 낳은 기자는 거의 없었다. 선배 여성 기자들을 봐도 아이를 낳으면 다른 부서로 가는 경우가 많았다. 전국의 지사로 전근하며 일하기 때문에 아이를 키우면서 기자로 일한다는 것은 거의 불가능한 일이다. 나 또한 오사카 본사에 있을 때 결혼했지만 1년 만에 발령을 받아 도쿄 본사로 가게 돼 남편과 별거 생활을 했다. 아이를 갖는다는 것은 아사히신문에 있을 때는 생각지도 못했다.

하쿠타는 "아사히신문을 그만둔 데는 여러 이유가 있어서 딱 하나만 꼬집어서 이야기하기는 어렵다"고 말했다. 그녀는 미국 노스캐롤라이나대학 생물학과를 졸업하고 과학 담당 기자가 되기 위해 아사히신문에 입사했다. 어려운 과학 이야기를 알기 쉽게 전달할 수 있는 기자가 되고 싶었던 것이다.

당시 아사히신문에서는 입사하면 5년 동안 지방에서 근무한 다음 도쿄나 오사카의 본사로 가는 것이 보통이었다. 하쿠타의 첫 근무지는 돗토리현이었는데, 전국에서 가장 인구가 적은 현이다. 대부분 신입 기자가 그렇듯이 하쿠타도 경찰 담당으로 시작했지만, 사건 수가 적은 돗토리현에서는 농업이나 어업에 관한 취재를 하는 기회가 많았다. 생물학을 전공한 하쿠타로서는 흥미 있는 일이었지만, 주로 후계자 부족 문제나 생산물 가격이 내려가서 살기 힘들다는 문제 등 어려운 현실에 관한 일이 대부분이었다. 그녀는 현실을 어떻게 바꿀 수 없을까 생산자와 같이 고민하며 기사를 썼다.

돗토리현에서 그 당시 하쿠타는 유일한 여성 경찰기자였다. 경찰과 기자들의 술자리가 있으면 항상 하쿠타가 경찰 본부장 옆자리에 앉았다. 다른 신문사 남성 기자들로부터 "여성 기자는 좋겠다"는 소리를 들으며 불편했다고 한다. 그 외에도 신문기자 일은 하쿠타가 생각했던 것보다 훨씬 '전근대적'이었다. 나 또한 상사한테 성희롱을 당한 적이 있지만 회사에서 그 이야기는 하지 못한 채 그만뒀다. 입사 1년째에 그만둔 동기 여성 기자도 퇴사 이유 중 하나가 성희롱이었다고 들었다. 한국에서는 작년에 '미투' 운동이 퍼지면서 조금은 개선된 면이 있는 듯하다. 일본은 아쉽게도 한국처럼 '미투'가 퍼지지 않았고 지금도 참고 있는 여성들이 많을 것이다.

하쿠타는 거의 쉬는 날 없이 일하면서 여러 이유로 계속 기자 일을 해야 할지 고민하고 있을 때 어머니한테 이런 전화가 왔다고 한다. "도쿄역에 새로 가게를 내고 싶은데 점장이 없네. 아사히신문을 그만두고 점장 하지 않을래?" 그 가게가 니꼬리나였다. 하쿠타는 "지방의 맛난 음식들을 어떻게 도쿄의 소비자들에게 전해야 할지 돗토리에서 기자를 하면서 생각했었다. 그걸 실현할 만한 회사가 마침 엄마가 경영하는 회사였다"고 말했다.

하쿠타는 "상품을 파는 것은 신문의 편집과 대단히 닮았다"고 했다. 예를 들면 고치현 구로시오정에서 생산하는 생선 통조림이 대표적인데, 통조림이 탄생할 때까지의 스토리를 상품 위에 패널로 전시했더니 그전까지 한 달에 수십 개밖에 안 팔렸던 것이 갑자기 한 달에 천 수백 개가 팔리기 시작했다고 한다.

하쿠타는 통조림 공장을 만들 때부터 참여했다. 계기는 2011년에 일어난 동일본 대지진이었다. 당시 엄청난 쓰나미로 많은 사람이 목숨을 잃었고, 그것을 계기로 일본 정부는 대규모 지진에 대비하고자 앞으로 일어날 것으로 보이는 지진의 예상 피해 규모를 발표했다. 구로시오에는 일본에서 가장 높은 34.4미터의 쓰나미가 올 것으로 예상됐다. 이것이 발표되자 구로시오를 떠나는 사람들이 줄을 이었다.

많은 사람들이 떠난 구로시오를 새로운 산업으로 활성화하자는 프로젝트가 통조림 공장 만들기였다. 실제로 쓰나미 피해를 입었을 때도 먹을 수 있는 것은 물에 잠겨도 괜찮은 통조림이다. 하지만 동일본 대지진 피해 지역에서 실시한 조사 결과, 통조림이 있어도 알레르기 때문에 먹지 못하는 사람이 많았다는 사실이 밝혀졌다. 그래서 2013년 구로시오에 통조림 공장을 설립하면서 계란이나 우유, 밀 등 알레르기 유발 성분이 제거된 통조림 개발 프로젝트가 시작됐다. 재해에 대비한 '비상식량'이기도 하고 일상적으로 먹어도 맛있는 통조림이기도 했다.

하쿠타는 이런 스토리를 니꼬리나에 전시했고, 결과는 폭발적이었다. 구로시오를 응원하고 싶은 마음으로 구입한 손님들도 많았을 것이다. 결국 하쿠타의 '편집력'이 지방과 도쿄를 맺어준 것이다.

하쿠타는 자신의 어머니가 경영하는 회사로 들어갔기 때

문에 나처럼 프리랜서라는 약자의 입장을 경험한 적은 없지만 "대기업에 있을 때가 편했다"는 것은 몇 번 느꼈다고 한다. "아사히신문이라고 하면 누구든 만나줬는데 우리 회사처럼 작은 회사는 좀처럼 만나주지 않는다. 그래서 더 알리려고 노력하게 됐다"는 것이다.

나도 요즘 "자신이 무슨 일을 하는 사람인지 적극적으로 어필해야 한다"는 충고를 자주 듣는다. 동기의 이야기를 들으며 프리랜서라고 무시당했다며 억울해할 게 아니라, 내가 나를 잘 편집해서 보여주는 노력을 해야겠다는 생각이 들었다. 자신의 스토리를 어떻게 보여줄지가 관건인 사회니까 말이다.

아직도 진행 중인
재일코리안 차별

2018년 12월 도쿄 시부야의 극장 '유로 스페이스'에서 '조선반도(한반도)와 우리'라는 주제의 영화제가 열렸다. 니혼대학 예술학부 영화학과 학생들이 기획한 것이다. 주말에 가 봤더니 거의 매회 만석일 정도로 관객이 많았다. 남북 관계가 급속히 가까워지면서 일본에서도 한반도에 대한 관심이 높아진 영향을 받은 것 같았다.

상영 영화는 대부분 재일코리안과 관련된 작품이었다. 동국대학 일본학연구소에서 재일코리안 관련 영화를 연구하고 있는 나에게 이 영화제는 아주 반가운 이벤트였다. 나는 특히 우라야마 기리오 감독의 〈큐폴라가 있는 거리〉를 보고 감동을 받았다. 1962년 작품인 이 영화는 이전에 DVD로 본 적이 있기는 했지만, 스크린으로 보니 그 감동이 더 컸다.

주인공은 중학생 준이다. 70대인 지금도 주연으로 활약 중인 일본을 대표하는 여배우 요시나가 사유리가 연기했다. 이 영화에선 재일코리안이 중요한 역할로 나온다. 준이 심리적으로 크게 성장하는 데 많은 영향을 주는 친구가 바로 재일코리안이다. 또 그들의 인생에 커다란 사건으로 작용하는 것이 바로 재일코리안의 '귀국 사업'이다.

1959년에서 1984년 사이에 약 9만 3000명의 재일코리안이 북한으로 이주한 귀국 사업은 한국에서는 '북송 사업'이라고 불린다. 귀국이라고는 하지만 재일코리안 대부분은 남한 출신이다. 재일코리안 중에는 남북 분단 전에 일본에 건너와서 남한도 북한도 모두 조국이라고 생각하는 사람들이 많다. 당시 일본에선 재일코리안에 대한 차별이 심해서 먹고 살기가 힘들었다. 그 때문에 이들은 출신지도 아닌 북한행을 선택했던 것이다.

〈큐폴라가 있는 거리〉가 만들어진 당시는 귀국 사업이 시작된 지 얼마 안 되는 시기였다. 영화 속에서는 귀국이 기뻐할 일처럼 그려져 있다. 하지만 실제로는 시간이 지나면서 북한행이 꼭 행복한 선택이 아니었다는 사실을 알게 된다. 차별이 심한 일본보다 더 힘든 생활이 기다렸던 것이다.

내가 아는 재일코리안 중에는 학생 때 가장 친했던 친구가 북한으로 이주했다가 얼마 지나지 않아 연락이 끊겼다는 사람이 있다. 그 친구는 떠나기 전에 북한에 가서 편지를 쓸 때 '메릴린 먼로'라고 쓰면 '너도 오라'는 뜻이고, '가가린'이라고 쓰면 '너는 오지 마라'는 뜻이라고 약속을 하고 갔다고 한다. 편지가 검열을 당할 것을 예상했던 것이다. 그가 받은 편지에는 '가가린'이라고 쓰여 있었다. 그때부터 반세기가 지났지만 그는 지금도 그 친구만 생각하면 마음이 아프다고 했다.

나는 〈큐폴라가 있는 거리〉 속 귀국을 축하하는 장면의 묘사가 무책임하게 느껴져서 마냥 좋아할 수 없었다. 하지만 이번엔 스크린으로 봐서 그런지 주인공들의 표정을 확실히 느낄 수 있어서 그나마 괜찮았다.

재일코리안 친구 요시에가 처음으로 준에게 북한에 이주한다고 이야기를 꺼냈을 때 준은 밝은 표정으로 축하한다고 한다. 하지만 요시에는 복잡한 표정을 보인다. 요시에의 엄마는 일본 사람인데 아버지와 별거 중이었다. 그런 엄마가 북한에 같이 갈 리가 없기 때문에 북한에 이주한다는 것은 엄마와 헤어져야 한다는 것을 의미했다. 그래서 요시에의 표정이 복잡했던 것이다. 준은 그런 요시에의 사정엔 관심이 없었으며, 단지 자기 아버지가 일을 안 해서 경제적으로 어려운 상황을 힘들어하고 있었다. 그런데 요시에가 북한으로 떠나던 날 준은 어떤 장면을 보고 충격을 받는다. 몰래 배웅하러 온 엄마를 본 요시에가 울면서 남동생한테 들키기 전에 사라져 달라고 호소하는 모습이다. 겨우 북한에 간다고 결심한 남동생이 엄마 모습을 보면 마음이 흔들릴 수 있었기 때문이다. 그때 준은 요시에가 자신하고는 차원이 다른 고민을 하고 있었다는 것을 깨닫는다. 게다가 요시에는 준의 어려운 상황을 걱정하며 떠날 정도로 성숙한 친구였다. 자포자기 상태였던 준은 이날을 계기로 씩씩하게 사는 사람으로 변신한다.

나는 준의 성장에 감동했다. 남의 아픔을 생각하는 마음이 사람을 성장하게 만든다는 게 감독의 메시지였다. 일본 사람으로서 재일코리안에 대해 생각한다는 것은 식민지 지배라는 역사를 생각하는 일이기도 하다. 그래서 없었던 일처럼 모르는 척하려는 사람들도 많지만, 그런 과거를 피하면 사람은 진정한 성장을 할 수 없다고 생각한다. 인생의 의미가 성장에 있다고 생각하는 나에겐 아주 소중한 영화였다.

'조선반도와 우리'라는 주제를 제안한 학생 또한 〈큐폴라가 있는 거리〉가 계기가 됐다고 했다. 그는 "귀국 사업은커녕 재일코리안에 대해서도 거의 아무것도 몰랐던 나는 그 역사에 충격을 받았다"고 말했다. 아마도 영화 속 준의 충격 받은 표정을 보고 많은 생각을 하게 됐을 것이다. 그는 또 2018년 문재인 대통령과 북한 김정은 위원장이 손잡고 군사분계선을 넘는 모습을 보며 "'조선반도와 우리'라는 주제는 미래를 살아갈 우리가 깊이 생각해봐야 할 문제라고 여기게 됐다"고 했다. 남북 관계가 한반도에 대해 아무것도 몰랐던 학생에게 큰 영향을 끼쳤던 모양이다.

영화제의 또 하나의 재미는 상영 후 관객과의 대화다. 〈큐폴라가 있는 거리〉의 우라야마 감독은 이미 타계해서 안타깝게도 직접 이야기를 들을 수가 없었다. 하지만 오시마 나기사 감독의 〈교사형〉에 출연한 배우 아다치 마사오가 게스트로 와서 귀국 사업에 관한 이야기를 했다. 그는 기타큐슈 출신이다. 기타큐슈는 탄광 노동자가 많았던 관계로 재일코리안이 많이 살았다. 그는 "학교에서 운동을 잘하거나 성적이 좋은 학생들의 반 정도는 재일코리안이었다. 그런 학생들이 중학생이 되면 한두 명씩 사라졌다"고 말했다. 북한으로 이주한 것이다. "그 당시 북한은 새로운 국가를 만들고 있다고 들었습니다. 우수한 학생들이 건너가는데 얼마나 괜찮은 나라가 만들어질지 큰 기대를 하고 있었죠." 심지어 그는 "나도 재일코리안이라고 하고 북한에 가려고 했는데 일본 사람이라는 게 들켜서 못

갔다"고 했다.

지금도 재일코리안에 관한 문제는 끝난 게 아니다. 특히 재일코리안 아이들의 일부가 다니는 조선학교에 대한 차별은 노골적이다. 요즘은 고등학교에 해당하는 조선고급학교가 '고교 무상화 제도'에서 제외되고 있는 문제가 주목받고 있다. 고교 무상화 제도란 공립 고등학교의 수업료는 무상화하고 사립 고등학교는 공립 수업료에 해당하는 금액을 지원받는 제도다. 조선학교들은 일본 전국 5개 재판소에서 지원을 요구하는 소송을 제기하고 투쟁 중이다.

나는 2018년 4월 무상화 제도 적용을 요구하는 대학생들을 도쿄에서 만났다. 이들은 매주 금요일 문부과학성 앞에서 모였다. 대학생 30여 명과 학부모나 지원자들 20여 명이 한 사람씩 마이크를 잡고 "문부과학성은 모든 아이에게 배울 권리를 보장하라", "조선학교 차별 반대" 등을 호소하고 있었다. 모임이 끝나고 한 여학생을 인터뷰했다. "주변 재일코리안 친구 중에도 경제적으로 어려워서 조선학교에 다니고 싶어도 못 다니고 공립학교로 가는 경우가 많다. 후배들을 위해 이길 때까지 운동을 계속할 생각"이라고 했다. 요즘은 한국에서도 조선학교를 응원하는 움직임이 있다. 〈우리 학교〉나 〈60만 번의 트라이〉 등 한국 감독들이 찍은 조선학교 관련 다큐멘터리 영화의 영향도 있는 듯하다. 그 여학생은 "한국에서는 재일코리안에 대해 잘 모르는 분들이 많다고 들었는데, 영화를 통해서라도 조선학교나 재일코리안에 대해 관심을 가져주면 기쁘겠다"고 했다.

동국대학 일본학연구소에서도 재일코리안 자료실을 만들어서 재일코리안 관련 영화를 수집하는 중이다. 영화제에 갔다 온 이후 연구원들과 이야기를 나누며 우리 연구소에서도 재일코리안 관련 영화 상영회를 적극적으로 열자는 이야기가 나왔다. 영화를 통해 보다 많은 사람과 공유하고 싶다는 것이 그 이유였다.

한국과는 전혀 다른
일본의 미투 운동

 2018년 한국에서 미투 운동이 한창일 때 "일본은 사정이 어때?"라는 질문을 자주 받았다. 일본은 한국과는 달랐다. '용기를 내봤자 자기만 손해'라는 분위기가 있어서였다.

 그 대표 사례가 프리랜서 저널리스트 이토 시오리의 사건이다. 2019년 12월 이토 씨가 민사소송에서 승소한 뉴스는 많은 반향을 일으켰다. 이토 씨가 야마구치 노리유키 전 TBS 기자에게 성폭행을 당했다며 손해배상을 청구한 재판에서 도쿄지방재판소는 합의 없는 성행위였음을 인정하고 야마구치 기자에게 330만 엔(약 3600만 원)을 배상하라는 판결을 내렸다. 같은 사건에 대해 형사소송에서는 불기소됐기 때문에 서로 다른 결과도 주목받았다.

'일본에서는 왜 미투 운동이 확산되지 않을까?'라는 의문을 가지면서 나도 이토 사건을 유심히 지켜보고 있었다. 이토 씨가 자신의 피해 경험에 대해 쓴 책《블랙박스》도 읽었다. 그 피해와 후유증은 읽기만 해도 괴로울 정도였다.

책을 읽으면서 이 정도 증거가 있는 사건도 불기소된다면 아무도 피해를 호소하지 않을 거라는 생각을 하기도 했다. '일본은 과연 법치국가가 맞나?' 싶을 정도의 내용이었다. 특히 이해가 안 갔던 점은 수사가 진행되는가 싶더니 갑자기 멈춰 버린 부분이었는데, 그렇게 된 배경에는 야마구치 기자가 아베 총리와 친한 사이라는 것이 작용했을지도 모른다는 생각이 들었다. 야마구치 기자는 아베 총리의 스토리를 담은《총리》라는 책을 썼다. 이런 이유로 '아베 정권이 형사 처분에 개입한 것이 아닐까'라는 지적도 나오고 있다.

민사소송 결과가 나오기 전까지 신문이나 방송에서도 이 사건에 대해 적극적으로 보도하지 않았다. 한국에서 서지현 검사가 성추행에 대해 폭로했을 때처럼 피해자를 응원하는 분위기도 일본에선 없었다.

나 또한 아사히신문에 근무했을 당시 성폭행 관련 보도에 관해서 납득이 가지 않는 일을 겪은 적이 있다. 아버지한테 어렸을 때 성폭행을 당했다는 여성이 그 경험을 책으로 출판했을 때였다. 나는 그 여성과 다른 취재 관계로 전에 만난 적이 있었던 인연으로 인터뷰할 수 있었다. '성폭행을 당했다'고 쓰는 건 판결이 나온 사건이 아니면 어려운 면이 있는 건 사실이다. 그런데 '성폭행을 당한 경험을 책에 썼다'는 기사를 쓰는 건 가능하다. 그것은 일정한 조사의 결과가 나오기 전에 '서지현 검사가 성추행을 당했다'라고는 쓰기 어려워도 '서지현 검사가 자신이 당한 성추행에 대해 폭로했다'고 쓰는 건 가능한 것과 마찬가지라고 생각한다.

인터뷰하고 기사도 썼는데 상사가 "정말 아버지가 그랬는지 알 수 없다"는 이유를 대며 신문에 실어주지 않았다. 그 아버지는 이미 세상을 떠났고, 성적 피해에 관해 이야기하는 것은 본인한테 용기도 필요하고 괴로운 일이었을 것이다. 인터뷰하는 동안 그렇게 보였다. 그런데 그 내용이 실리지 않아 속상하기도 하고 그 여성한테 미안하기도 했다.

이토 씨는 《블랙박스》에서 이렇게 썼다. '무슨 말을 하든 결국은 뉴스로 보도할 가치가 있는지를 판단하는 건 미디어다. 거기에 여러 사정이 있다는 건 알지만 수사기관에 이어 언론사에 호소해도 눈앞에서 잇따라 외면당하는 것에 할 말을 잃었다.'

2018년 12월 소설 《82년생 김지영》이 일본에서 번역·출판되자마자 히트를 쳤다. 2019년 10월에 한국에서 개봉한 영화 〈82년생 김지영〉에 대한 관심도 높아져서 일본에서도 개봉한다고 한다. 일본에서의 이런 큰 반응에 대해 한국 지인들은 고개를 갸우뚱거린다. "왜 미투는 퍼지지 않는데 《82년생 김지영》은 팔리는 거야?" 성폭행이나 성추행이 적은 것도 아니고, 남녀 성 격차라는 점에서도 문제가 많은데 일본에선 그것에 대해 목소리를 내지 않고 있다. 드러내지 못하고 참고 있는 여성이 그만큼 많다는 것일까.

　실제로 세계경제포럼이 발표한 2019년 '남녀 성 격차 보고서'에 따르면 조사 대상국 153개국 중 일본이 121위로 선진국 중에서 최하위 수준이었다. 일본은 2018년 110위에서 121위로 떨어진 반면 한국은 115위에서 108위로 올랐다. 이 보고서는 경제·교육·건강·정치 등의 분야에서 남녀 격차를 조사한 것이다. 이 뉴스는 일본에서 매년 보도되지만 이번이 역대 최하위인 것은 충격이었다.

　나는 김지영과 같은 1982년생이다. 그런데 나는 학교나 가정에서의 남녀 성 격차로 김지영만큼 불합리한 대우를 받은 적은 별로 없다. "공감했다"고 하는 일본 여성들은 대개 나보다 나이가 열 살 이상 많았다. 일본에서는 나를 포함해서 주변 친구를 봐도 학교나 가정에서의 성 격차보다 직장인이 된 다음에 성희롱의 피해를 입는 경우가 적지 않은 듯하다. 신문사를 초기에 그만둔 내 동기 중에도 피해자가 있다.

한국에서는 2018년 미투 운동이 퍼진 다음 성희롱은 급격히 적어진 듯 보인다. 최근 한국에서 여성이 불쾌하게 느낄 만한 발언을 누가 하면 바로 누군가가 그 말이 적절하지 않다는 지적을 하는 경우가 많다고 한다. 일본에서는 심한 말도 많이 듣지만 그걸 막아주는 사람도 별로 없다. 일본도 조금씩 나아지고 있다고는 하지만 내가 느끼기엔 한국만큼 빠른 속도로 개선되는 것 같지는 않다.

그런데 나는 영화 〈82년생 김지영〉을 보면서 가정에서의 성 격차 부분은 한국과 일본이 조금 다르다고 느꼈다. 특히 시댁과의 관계에서 그렇다.

지영은 여성으로서 경험해온 여러 스트레스를 견디지 못해 타인에 빙의하는 증상을 앓게 된다. 영화 속에서 그 증상이 나타난 첫 장면은 설날 때 시댁 주방에서였다. 지영은 아침 일찍부터 설날 음식 준비로 지쳤다. 시댁 식구들은 앉아서 즐겁게 수다를 떠는데 지영 혼자 주방에 서 있다. 눈치를 보며 슬슬 친정으로 가려던 참에 남편 누나의 식구들이 와서 타이밍을 놓쳐버렸다. 이때 지영은 친정엄마 말투로 시어머니에게 자기 딸이 왔으면 지영도 친정에 보내야 한다고 말한다.

한국인 남성과 결혼한 일본 여성도 내 주변에 많다. 그녀들의 이야기를 들어보면 추석이나 설날 때 음식 준비가 힘들다고 한다. 일본도 명절 때 대부분 양쪽 부모님 집으로 인사하러 가지만 음식 때문에 스트레스를 받지는 않는다. 반면에 한국에선 추석이나 설날을 보내고 나면 몸살을 앓거나 힘들어하는 친구들이 많다.

영화 속에서 지영이 가장 괴로워하는 장면도 시어머니와 전화하는 장면이다. 남편이 육아 휴직을 받아서 자기가 일할 수 있게 됐다고 이야기하자, 시어머니는 아들이 일을 못 하고 지영이 일하는 건 말도 안 된다고 화를 낸다.

아이를 낳는 일은 여성밖에 못 하지만 키우는 건 남성도 할 수 있다. 지영이 출산과 육아로 일을 중단해야 했으므로 그다음에 남편이 일을 쉬고 아이를 보는 건 당연하다고 말하고 싶지만, 일본도 한국과 마찬가지로 아직 그걸 당연하게 받아들이는 사회가 아니긴 하다.

다만 여기서 한국과 일본의 차이가 있다. 일본에서는 부부가 결정한 일에 대해 시댁에서 뭐라고 할 수는 있지만 그건 참고하는 정도다. 결정권은 기본적으로 부부 본인들에게 있다. 그런데 영화 속 지영은 시어머니 의견에 따르지 않을 수 없는 듯 보였다. 물론 가정마다 다르겠지만 한국이 훨씬 시댁과의 관계가 끈끈해서 그런 것 같기는 하다. 좋은 쪽으로 보면 그건 그만큼 관심이 많다는 뜻일 것이다. 또 어디 아프지는 않은지, 밥은 잘 먹고 지내는지 서로 걱정해주는 따뜻한 관계라 그럴 것이다.

최근 "한국과 일본 여성의 지위는 어느 쪽이 더 높은 것 같은가?"라는 질문을 받았는데, 가정에서의 여성 입장을 생각하니 쉽게 대답할 수 없었다. 다만 사회적으로 여성이 발언하기 편한 환경이 갖춰진 건 일본보다는 한국인 것 같다. 이토 씨의 민사소송 승소가 조금이라도 일본의 분위기를 바꿨으면 하는 바람이다.

일본에서의 K팝 열풍을 보는
또 다른 시선

최악이라는 한·일 관계에도 불구하고 제3차 한류 붐은 식지 않고 있다. 도쿄 신오쿠보나 오사카 쓰루하시에 있는 코리아타운은 일이십 대 젊은 여성들로 붐빈다. 2012년 당시 이명박 대통령의 독도 방문을 계기로 급속히 식어버린 제2차 한류 붐과는 달리 이번엔 정치적 영향이 그다지 커 보이지 않는다. 일본 신문이나 방송을 보면 실제 이상으로 한·일 관계의 악화를 강조하는 것처럼 느껴진다. 그런데 스마트폰으로 정보를 얻고 신문이나 방송을 잘 보지 않는 젊은 세대는 양국 관계가 좋은지 안 좋은지에 별로 관심이 없는 듯하다.

지난번 신오쿠보에 갔을 때 한국식 고깃집에서 저녁을 먹었다. 평일에도 불구하고 만석이었다. 우삼겹이 유명한 집인데 한국에서 먹을 때만큼 맛있었다. 손님들은 익숙한 듯 자연스럽게 고기를 야채로 싸서 먹고 있었다. 원래 일본에서는 고기를 야채로 싸 먹는 문화가 없었지만, 요즘은 한국 스타일로 싸 먹는 것이 주류가 됐다. 고깃집 옆에 K팝 공연을 매일 하는 곳이 있어 공연을 마친 그룹이 고깃집으로 식사하러 왔다. 그렇게 유명한 그룹이 아닌데도 여성 팬들은 같이 사진을 찍고 대화를 나누며 즐거워했다.

신오쿠보에는 요즘 K팝 관련 가게가 부쩍 늘었다. JYJ 멤버 재중의 사진이 걸려 있는 카페도 만석이었다. 재중이 운영하는 카페라고 했다. 재중은 요즘 주로 일본에서 활동하면서 방송에도 자주 나온다. 이곳 음식점 주인들 말로는 "요즘 주말엔 발 디딜 틈이 없을 정도로 사람이 많다. 신오쿠보에서 성공하면 무서울 정도로 많은 사람이 몰린다"고 한다.

신오쿠보에서 폭발적인 인기를 얻은 대표적인 메뉴는 치즈닭갈비와 치즈핫도그다. 재작년부터 한국에 놀러 오는 일본 친구들은 하나같이 치즈닭갈비를 찾았다. 닭갈비에 치즈가 들어 있는 건데 나는 먹어 본 적이 없다. 왜 그런가 했더니 신오쿠보에서 유행이라고 했다. 아마도 매운 음식을 잘 못 먹는 일본 사람들한테 치즈가 들어가면 덜 맵기도 하고, 무엇보다 치

즈가 길게 늘어나는 비주얼이 '인스타바에インスタばえ'한다는 이유 때문일 것이다. '인스타바에'는 '인스타그램'에, 사진이 잘 나온다는 뜻의 '미바에'를 합성한 말이다.

치즈닭갈비에 이어 지난해부터는 치즈핫도그가 신오쿠보의 인기 주인공이 됐다. 핫도그에 치즈가 들어 있는 건데 이것 또한 치즈가 길게 늘어나는 사진을 인스타그램에 올리는 것이 유행이다. 치즈핫도그가 한국 음식인지는 의문이지만, 신오쿠보에서 유행이 시작돼 일본 전국으로 퍼지고 있다.

아사히신문 도쿄 본사에 근무할 당시 한국 요리를 먹으러 신오쿠보에 자주 갔었는데, 그때는 사람이 별로 없었다. 최근 한국 요리를 즐기는 사람들이 갑자기 늘어난 것은 제3차 한류 붐 시기와 겹친다. 유행의 중심은 K팝이지만 K팝을 계기로 한국 음식에 관심을 갖는 사람도 적지 않다. 특히 일본에서 공연한 유명 아이돌이 신오쿠보의 어느 식당에서 먹었다는 소문이 나면 그 식당은 1년 이상 장사 걱정을 할 필요가 없을 정도로 잘된다고 한다. 자신이 좋아하는 아이돌과 같은 데서 같은 것을 먹고 싶다는 팬 심리 덕분인 것 같다.

2016년에 '헤이트 스피치 해소법'이 시행된 영향도 큰 것 같다. 이 법은 특정의 인종이나 민족에 대한 차별을 부추기는 헤이트 스피치를 억제·해소하는 것을 목적으로 한 법률이다.

신오쿠보에서 한때 사람이 없어졌던 이유 중 하나는 헤이트 스피치 때문이었다. 주로 재일코리안을 표적으로 "죽어", "일본에서 나가라" 등 심한 말을 외치면서 걸어 다니는 헤이트 스피치는 신오쿠보나 쓰루하시 등에서 되풀이됐지만 해소법이 생긴 후에는 적어졌다.

쓰루하시에도 가봤다. 쓰루하시는 역 앞에도 한국의 식재료나 의류, 침구 등을 파는 시장이 있고, 걸어서 15분 정도 떨어진 곳에 코리아타운이 있었다. 역에서 코리아타운까지 가는 길에도 아이돌 굿즈샵이 많았는데, 트와이스 달력이나 방탄소년단 포스터 등이 보였다. 신오쿠보와 마찬가지로 주말에는 젊은 여성들이 넘쳐 난다고 했다. 같이 간 친구는 제1차 한류 붐 때 드라마를 보고 배우 이병헌의 팬이 됐으며 지금은 K팝 팬이다. 쓰루하시 K팝 카페 안에 들어가 보니 사방의 벽에 아이돌 포스터가 붙어 있었고, TV에서는 K팝 프로그램이 흐르고 있었다. 종업원한테 좋아하는 아이돌 이름과 자신의 이름을 말하면 접시에 한글로 써준다고 했다. 이것을 또 인스타그램에 올리면 사람들이 몰리겠구나 싶었다. 친구는 케이크 세트를 주문하면서 트와이스의 '사나'라는 멤버 이름을 말했다. 같은 오사카 출신이라 응원하고 있다고 했다.

한국 연예계 관계자들은 일본처럼 아이돌 굿즈가 잘 팔리는 나라가 없다고 한다. 쓰루하시에서 가장 많이 눈에 들어온 건 'BT21' 굿즈였다. 라인프렌즈와 방탄소년단의 컬래버레이션 캐릭터로, 방탄소년단의 인기와 함께 일본에서 큰 히트를 치고 있다. 방탄소년단 관련 상품은 인형이나 문구제품 등 다양한데, 한국에 사는 나도 몰랐던 사실이다.

신오쿠보에서 퍼진 치즈핫도그 가게도 쓰루하시 주변에만 10개 이상 생겼다. 주말에는 줄을 서서 먹는다고 한다. 가게 이름에는 '홍대', '명동' 등 일본 관광객들이 많이 찾는 서울의 지명이 들어가는 가게가 많았다. 서울에서도 유행이라고 착각할 정도였다.

'중고생들 사이에서 한국 문화가 인기'라고 NHK 정보 프로그램 〈아사이치〉에서 보도했더니 그것을 비판하는 목소리가 쏟아졌다고 한다. "우리 아이는 한국을 안 좋아한다", "전혀 들어본 적 없는 이야기다" 등의 반응이었다. 일본 어른들 중에는 한국을 싫어하는 사람도 있는 건 사실이지만, 내 주변만 봐도 한국 문화를 좋아하는 중고생들은 넘쳐난다.

1982년생인 내 친구의 아이들은 대부분 초등학생이다. 초등학생들 사이에도 K팝 인기는 대단하다. 학교 급식 시간에 트와이스 노래가, 그것도 일본어 버전이 아닌 한국어 버전의 노래가 흐르고 초등학생들이 그 한국어 가사를 외워서 같이 노래한다는 이야기도 들었다. 한국어를 배우고 싶다는 초등학생 딸과 함께 NHK 한글 강좌를 듣기 시작했다는 내 친구도 있다. 중고생들 사이에서는 한글로 라인(한국의 카카오톡과 비슷한 일본의 모바일 메신저) 메시지를 주고받는 것도 유행이라고 한다.

정치적인 한·일 관계와 상관없이 일본인들이 K팝이나 한국 음식, 한글 등에 관심을 갖는 것은 반가운 일이다. 하지만 양국 역사에 전혀 관심이 없는 젊은 사람이 대부분인 것을 생각하면 그래도 되나 싶긴 하다. 원래 코리아타운에는 재일코리안들이 많이 살고 있었다. 지금과 같은 한류타운으로 변하기 시작한 것은 2000년대에 들어서다. 쓰루하시가 있는 오사카 이쿠노쿠에서 태어나 지금도 살고 있는 61세의 오광현 씨에 따르면 지금 코리아타운이라고 불리는 지역은 원래 '조센이치바(조선시장)'라고 불렸다고 한다. 그는 "특히 연말에는 식자재나 떡을 사러 전국의 재일코리안들이 찾아왔다"고 말했다.

2000년대 들어서 드라마 〈겨울연가〉의 욘사마(배용준) 붐을 계기로 한류타운으로 변하기 시작했다. 오광현 씨는 "활기차고 좋긴 하지만 젊은 사람들은 너무 역사를 몰라 깜짝 놀랄 때가 있다"고 했다. 최근 코리아타운을 걸어가는 젊은 여성이 "한국 사람이 되고 싶다"고 하는 말을 들은 그는 "일본 사회의 차별과 싸워왔던 재일코리안으로서는 솔직히 복잡한 심정"이라고 했다.

  오광현 씨는 그런 상황을 조금이라도 바꾸고 싶어서 역사를 배우는 투어를 기획했다. 그는 "일본의 젊은 사람들이 재일 코리안의 역사를 알고 코리아타운을 즐기면 더욱 기쁠 것 같다"고 말했다.

'손타쿠'의 유행과
표현의 부자유

 일본의 국제예술제 아이치트리엔날레에서 '평화의 소녀상' 전시 문제로 중단됐던 기획전 〈표현의 부자유전-그 이후〉가 2019년 10월 다시 문을 열었다. 이 기획전은 원래 2019년 8월 1일부터 10월 14일까지 전시될 예정이었다. 전시 중단은 한·일 관계가 급속히 악화하는 시기에 일어난 일이기 때문에 당시 일본에서도 한국에서도 크게 보도됐다.
 그런데 이것은 한·일 관계뿐만이 아니라 표현의 자유가 침해된 심각한 문제기도 했다. 평화의 소녀상만 주목을 받았지만 사실 그 외에도 〈표현의 부자유전-그 이후〉에 전시될 예정이던 다른 작품들도 못 보게 됐기 때문이다. 검열 등으로

인해 표현의 기회를 빼앗긴 작품을 모아서 표현의 자유에 대해 생각하자는 기획전이었는데, 그 전시장은 개막 3일 만에 폐쇄됐다.

아이치트리엔날레 폐막 날짜가 점점 가까워지면서 전시 재개를 요구하는 목소리가 높아졌다. 전시 재개를 요구하는 시민들은 닫혀버린 전시장 문에 '다시 보고 싶어요!' 등의 마음을 담은 포스트잇 메시지를 붙였다. 아이치현 현지 방송국인 나고야TV 기자와 촬영 팀이 그 즈음 한국에 왔다. 평화의 소녀상 작가인 김서경·김운성 부부를 인터뷰하기 위해서였다.

나고야TV 기자는 나의 아사히신문 동기다. 이 방송은 TV아사히 계열이었기 때문에 아사히신문에서 파견 나간 것이다. 몇 달 전에는 개인적으로 한국에 놀러 와서 서울 동대문에서 같이 쇼핑하고 포장마차에서 빈대떡과 막걸리를 먹기도 했던 친구다. 그가 "소녀상 작가와 어렵게 인터뷰할 수 있게 됐는데 통역을 맡아주면 좋겠다"고 연락해왔다.

인터뷰가 잡힌 날짜는 2019년 추석 연휴 직전이었다. 나는 원래 이때 일본에 가기 위해 항공권을 사놓은 상태였다. 고민이 됐지만 인터뷰 주제가 '표현의 자유'여서 이건 글 쓰는 일을 하는 내 문제기도 하다는 생각이 들었다. 티켓을 버리고 인터뷰를 돕기로 했다.

최근 일본 방송국들은 한국의 반일 현상을 전달하고 일본의 혐한을 부추기는 데에만 바쁘다. 그러다 보니 아이치트리엔날레 문제도 표현의 자유를 지키자는 관점에서 제대로 보도해야 하는데 그렇게 하는 방송이 거의 없었다. 내 동기는 "도쿄의 방송국에서는 이 문제를 다루기가 쉽지 않다. 나고야 TV는 지방 방송국이기도 하고 아이치트리엔날레의 현장이기도 해서 그나마 가능성은 있다"고 말했다. 다루기가 쉽지 않은 이유는 "위안부 관련 문제기 때문"이라고 했다.

나는 아사히신문에서 9년 근무했지만 정부의 직접적인 압력을 느낀 적은 없었다. 방송국은 조금 다를 수 있지만 압력을 받아서라기보다는 알아서 정부가 원하는 쪽에 맞추는 것처럼 보인다.

한국에서는 이명박 전 대통령과 박근혜 전 대통령 시절 KBS나 MBC 등 공영방송의 보도에 정부가 개입했다는 것을 다큐멘터리 영화 〈공범자들〉에서 봤다. 프로듀서나 기자들이 개입에 항의하고 그것 때문에 해고된 사실에 놀랐다. 일본에서는 정부가 개입하지 않아도 얌전히 따르는데 한국은 민주화를 거쳐 언론의 자유를 쟁취한 역사가 있어서 그런지 역시 다이내믹하다.

일본어에는 '손타쿠忖度'라는 말이 있다. 마치 일본의 상황을 그대로 드러내는 것 같은 말인데, 최근 몇 년 사이에 갑자기 자주 쓰이고 있다. 손타쿠의 사전적인 의미는 '남의 마음이나 생각을 헤아리다'는 뜻이다.

손타쿠라는 말이 크게 유행하기 시작한 것은 2017년이다. 당시 '모리토모·가케 문제'라고 불리는 아베 총리 관련 의혹 사건이 대대적으로 보도됐다. 아베 총리의 공사 혼동으로 보이는 부정 의혹이었다. 이 사태 때 아베 총리나 부인 아키에 여사의 직접적인 지시는 없었다 하더라도 그들의 의향을 주변에서 헤아려서 그렇게 움직였다는 뜻으로 손타쿠라는 말이 갑자기 자주 쓰이게 됐다.

내가 보기에는 지금 대부분의 방송국도 손타쿠를 하고 있는 것 같다. 반일이나 혐한 보도 등 아베 정권이 좋아할 만한 내용을 손타쿠해서 방송하는 것이다. 물론 시청률 때문이기도 하지만 적어도 아베 정권이 싫어할 만한 보도에 소극적인 건 사실이다.

이런 어려운 상황에서 내 친구는 과감하게 인터뷰를 하러 왔다. 김서경·김운성 부부는 나고야TV 팀을 따뜻하게 맞이했다. 열정이 넘치는 인터뷰는 3시간 넘게 진행됐다. 통역자로서는 집중력의 한계를 느꼈지만, 두 작가의 말을 일본에 전달해야겠다는 사명감으로 열심히 했다. 2019년 9월 25일 작가 부부 인터뷰가 방송됐다. 전국 뉴스가 아니었던 건 아쉽지만 "표현자의 마음을 잘 전달했다"는 호평을 받았다.

작가 부부의 말을 들어보니 평화의 소녀상이 탄생한 배경에는 일본 정부가 있었다. 그들이 처음 주문받은 것은 비석의 디자인이었다고 한다. 2011년 일본대사관 앞에서 위안부 문제의 해결을 요구하는 '수요집회' 1000회 기념으로 만드는 비석이었다. 그런데 그 비석을 만들기도 전에 일본 정부가 압력을 가하기 시작했다고 한다. "우리가 우리 땅에 우리의 마음을 담아 비석을 만든다는데, 어째서 일본 정부가 나서서 뭐라고 할 수 있단 말인가?" 하고 작가 부부는 분노를 느꼈다고 한다. 피해자는 지금은 할머니지만 피해를 당한 당시는 소녀였거나 젊은 여성이었다. 그 피해의 비참함을 전하기 위해 소녀상을 만든 것이다. "일본 정부의 압력이 없었다면 비석만 만들었을 수도 있다"고 했다.

소녀상이 늘어나는 계기도 일본 정부가 제공했다. 2015년 한·일 위안부 합의 때였다. 이때 기시다 후미오 외무상은 일본대사관 앞 소녀상에 대해 "적절히 이전될 것으로 인식하고 있다"고 말했다. 일본 정부로서는 위안부 문제의 해결이라는 것은 "더는 피해에 대해 말하지 않는 것"을 의미하는 듯하다. 합의의 핵심은 '마음으로부터의 사죄와 반성의 마음'을 전하는 것이었을 텐데, 그 직후에 소녀상에 대해 언급함으로써 그것이 마음으로부터의 사죄와 반성이 아니라는 것이 금방 들통 났다.

작가 부부는 소녀상에 평화의 바람도 담았다. 일본에서 비슷한 존재를 생각해보면 히로시마의 '원폭 돔'이 아닐까 싶다. 원자폭탄 피해의 비참함을 전하면서 평화를 바라는 상징적인 존재다. 그런데 원폭을 투하한 미국이 "원폭 돔을 철거했으면 한다"고 하면 그것을 일본 사람들은 받아들일 수 있을까?

소녀상에 대해서는 작가 부부의 의도와 달리 반일의 상징처럼 보는 사람이 많다. 일본에서는 대부분의 사람이 그 실물을 본 적도 없는데 보도를 통해 그렇게 느끼고 있는 것이다. 그래서 이번 전시는 소녀상이 실제로 어떻게 생겼고, 작가가 어떤 뜻을 담았는지 알 수 있는 소중한 기회였다. 작가 부부도 "비판을 포함해서 일본 사람들과 소통하고 싶었다"고 했다.

2014년 부산국제영화제에서 부산시가 상영을 못 하게 하려고 했던 세월호에 관한 다큐멘터리 영화 〈다이빙벨〉의 안해룡 감독은 "부산영화제에서는 경비를 강화해서 예정대로 상영했다. 아이치트리엔날레에서도 협박 전화 등이 많이 걸려왔다고 하지만, 경비를 강화하는 쪽으로 해야 했다. 너무 쉽게 전시를 포기한 것처럼 보인다"고 했다.

일본에서는 2019년 여름 〈신문기자〉라는 영화가 화제가 됐다. 한국 배우 심은경이 주인공 신문기자를 연기했다. 원작은 도쿄신문 모치즈키 이소코 기자가 쓴 논픽션이다. 모치즈키 기자는 스가 요시히데 내각관방장관의 기자회견 때 용감하게 질문을 던지는 모습 등으로 일본에서 유명하다. 일본 배우가 해도 될 만한데 왜 한국 배우가 그 역할을 맡았을까? 추측이지만 현 정권을 비판하는 역할을 일본 배우들이나 소속사가 피한 것은 아닐까 싶다.

영화 〈신문기자〉에 나오는 몇 개의 사건은 실제 있었던 일을 모델로 한 것으로 보인다. 그 중심에는 모리토모·가케 문제가 있다. 이 영화가 주목받은 이유도 바로 여기에 있다. 일본에서는 정치를 소재로 한 영화 자체가 드물지만, 현 정권에 비판적인 영화는 더더욱 보기 어렵다. 정부가 영화 제작이나 상영에 개입한다기보다는 큰 영화사들이 스스로 현 정권이 싫어할 만한 영화는 안 만드는 것이다. 그런 상황에서 과감하게 이 소재를 골랐다는 것만으로도 화제가 됐고 흥행에도 성공했다.

문부과학성은 아이치트리엔날레에 대한 보조금을 교부하지 않을 방침을 밝혔다. 〈표현의 부자유전-그 이후〉 전시를 통해 본 일본의 표현의 자유는 아주 위험한 상태에 이른 것 같다. 표현을 제대로 하지 않는 일본 사람들을 보고 있으면 다이내믹한 한국이 마냥 부럽다.

시국에 따라 변하지 않는
개인과 개인의 관계

2019년 10월 열린 부산국제영화제에 고레에다 히로카즈 감독이 참가했다. 이 일은 한국에서는 물론 일본에서도 화제를 모았다. 〈어느 가족〉으로 칸국제영화제에서 황금종려상을 받은 고레에다 감독의 부산국제영화제 참가가 주목을 받는 건 어찌 보면 당연한 일이긴 하다. 그러나 사실 고레에다 감독은 부산국제영화제 단골손님이다. 참가하는 것 자체는 특별하지 않다고 할 수도 있다. 한·일 관계가 매우 안 좋은 상황에서 고레에다 감독이 부산을 방문했기 때문에 더욱 주목을 받은 것이다.

나는 개인적으로 고레에다 감독의 팬이지만 2016년 부산에서 그와 인터뷰를 한 인연도 있다. 부산국제영화제를 자주 찾는 이유를 물어봤더니 "간장게장을 먹고 싶어서"라고 웃으면서 답했다. 물론 다른 여러 이유를 들었지만 "음식이 맛있다는 게 중요하다"고 했다. 올 때마다 찾는 간장게장 집이 있다고 한다.

고레에다 감독은 최신작 〈파비안느에 관한 진실〉 상영과 '올해의 아시아 영화인상' 수상 때문에 부산을 찾았다. 나도 그 두 가지 화제로 감독을 취재할 생각이었지만, 우연히 고레에다 감독이 부산일본인학교를 방문한다는 소식을 듣게 됐다. 학교 방문은 다른 매체에는 공개하지 않은 개인적 일정이라고 했다. 나는 운 좋게 단독으로 취재할 수 있게 됐다.

고레에다 감독은 아이들이 공부하는 모습을 둘러본 다음 대화의 시간을 가졌다. 아이들 앞에서 강연하는 감독의 표정은 영화제 등에서 기자들과 이야기할 때와 달리 아주 편하고 자상해 보였다.

부산국제영화제에 대해서는 아이들에게 이렇게 소개했다. "멋진 영화제며 내가 가장 사랑하는 영화제입니다. 친구도 많고 밥도 맛있고." 어느 학생이 "영화감독을 하기 잘했다고 생각하는 건 언제인지" 묻자 "일본어밖에 못 하고 주로 일본에서만 영화를 찍지만, 내가 찍은 영화가 외국의 영화관이나 영화제에서 상영되면 영화가 나를 세계 여러 나라로 데려가 준다. 그것이 아주 즐겁고 공부가 된다. 여기에 온 것도 마찬가지다"라고 답했다.

한·일 관계가 좋건 나쁘건 좌우되지 않는 사람이 고레에다 감독 같아 보였다. 오히려 관계가 안 좋아서 일부러 온 것 같기도 했다. 일본에서도 한국에서도 그의 발언은 영향력이 있다. 바쁜 와중에도 부산의 작은 학교를 찾은 건 한·일 관계가 안 좋은 속에서 한국에 사는 일본 출신 아이들과 그 부모들을 응원하는 마음도 있지 않았을까.

부산은 원래 규모가 작아서 크게 영향을 안 받았다지만, 서울 일본인학교는 학생 수가 급감했다고 한다. 많은 일본인 주재원들이 귀국했다는 뜻이다. 주재원 부인들이 많이 있는 합창단 등에서도 최근 송별회를 여러 번 했다고 한다. 일본 제품 불매 운동의 영향은 한국에서 일하는 일본 사람들에겐 심각한 문제다.

고레에다 감독을 따라 한 건 아니지만 나도 부산영화제를 다녀온 후 판교고등학교에서 강연했다. 내가 평소 하고 있는 한·일 문화 교류에 대해 이야기하는 시간이었다. 강연하러 간다고 하니 "이런 시국에 부르는 데도 있어?" 하고 놀라는 사람도 있었다. 강연은 수업이 끝난 뒤 하는 선택 시간이라고 해서 학생들이 안 올 수도 있겠다는 각오를 했다. 그런데 20명 넘게 와서 관심 있게 들어줬다.

거기에서 나는 이런 질문을 했다. "지난 2019년 8월 일본을 방문한 한국 사람은 전년 동기 대비 48% 감소했습니다. 반대로 한국을 방문한 일본 사람은 어떻게 됐을까요?" 그러고 나서 선택지 네 가지를 제시했다. 1번 50% 줄었다. 2번 30% 줄었다. 3번 안 줄었다. 4번 늘어났다.

많은 학생이 2번에 손을 들었다. 정답은 4번이다. 2019년 8월 한국을 방문한 일본 사람은 전년 동기 대비 4.6% 늘어났다고 한다. 요즘 비행기를 타는 승객 중엔 일본 젊은 여성들이 많다. 젊은 세대는 정치에 관심이 없는 사람이 많아 한·일 관계의 영향을 별로 받지 않는다.

현재 일본엔 제3차 한류 붐이 일고 있다. 한·일 관계는 최악이라고 하지만, K팝 아이돌 관계자에게 물어보면 "전혀 영향이 없다"고 한다. 공연도 팬 미팅도 여전하다고 한다. 다만 일본에서 활발하게 활동하고 있는 사실이 한국에서 보도되지 않도록 조심할 뿐이라는 것이다.

2019년 10월 24일~27일 오사카에서 '투어리즘 엑스포 재팬'이라는 아시아 최대 규모의 국제관광박람회가 열렸다. 주말에 가보니까 한국 관련 부스가 다른 나라보다 훨씬 많이 붐볐다. 그중 인천시를 소개하는 대담을 듣게 됐다. 대담에 참여

한 사람은 인천시관광홍보대사 요스미 마리와 인천시에 거주하는 라디오 DJ 하마히라 교코였다.

요스미 씨는 가나가와현에 거주하면서 매달 인천을 방문해서 취재하고 블로그나 SNS를 통해 인천의 매력을 일본에 알리고 있다. 이번 대담은 '미美'가 주제였는데 스트레스를 해소할 수 있는 월미도 놀이공원 '월미테마파크'나 피부과에서 치료받은 경험 등을 사진을 보여주면서 소개했다. 요스미 씨가 인천을 방문하기 시작한 것은 5년 전이었다. 냉한 체질이었는데 한국의 '쑥 찜질'로 체질이 개선되는 것을 경험하면서 약쑥에 관심을 가졌기 때문이다. 특히 강화도 약쑥의 효능이 좋은 것을 알고 직접 구입해서 가나가와에서 쑥 찜질 살롱을 오픈했다. 요스미 씨는 2016년 인천시홍보대사에 임명된 후 일본에서 한국 관련 행사 때마다 적극적으로 무대에 서서 인천의 매력을 홍보해왔다. 그런데 2019년 7월 이후 지자체 관련 행사가 잇따라 취소되거나 연기됐다. "한국 길거리에서 '노 재팬' 배너를 보면 솔직히 슬프긴 하다. 그래도 이럴 때일수록 열심히 해야겠다는 마음도 생긴다. '이런 시국에 잘 왔다'고 환영해주는 한국 사람들도 많다"고 했다. 그리고 앞으로는 크라우드펀딩을 통해 민간의 기부금으로 한국의 매력을 일본에 알리는 활동을 준비하고 있다고 했다. 요스미 씨는 "지금까지 도쿄나 오사카 같은 대도시 말고 지방에서 홍보하는 기회는 거의 없었다. 한국 관광객이 줄어 힘들어하는 일본 지방에 가서 한국의 정보를 알리는 일도 하고 싶다"고 강한 의지를 드러냈다.

하마히라 씨는 고베 라디오 방송국 '키스 FM 고베'의 DJ다. 2018년 한국 사람과 결혼해서 매주 한·일 간을 왕복하고 있다. K팝 팬이기도 하고 K팝 관련 행사 진행 일도 많이 해왔다. 하마히라 씨는 "한·일 관계가 나빠져도 일본에서 많은 사람이 한국에 가는 건 이해가 간다. 비행기 값도 싸졌고 최근 원화도 싸졌으니 당연한 일이다"라며 한·일 관계 악화를 지금까지 여러 번 겪어봤기에 이제 한류 팬들은 내성이 생겼다고 했다. "오히려 매체에서 혐한 보도를 할수록 오기가 생겨서 '그래도 우리는 한국을 좋아한다'는 마음으로 가는 사람도 많다"는 것이다. 예전엔 눈치 보고 몰래 한국에 가는 사람들도 있었지만 이제는 당당하다고 했다. "좋아하는 것을 좋아하는 것뿐이다. 그걸 방해받고 싶지 않다"는 것이 하마히라 씨의 말이었다.

대담을 듣고 있던 40대 여성과도 인터뷰를 진행했다. 그녀는 2000년대 전반 이른바 제1차 한류 붐 때부터 한류 팬이었다. "이명박 전 대통령이 독도를 방문했을 당시 한국 연예인

중에 독도에 수영해서 가는 사람도 있어서 충격을 받았다. 응원했었는데 배신당한 기분이 들었다"는 그녀는 불편한 마음으로 한동안 한국에 대한 관심을 껐다. 그런데 일본어학교 교사를 하면서 한국 유학생들과 만난 다음 다시 관심을 갖게 됐다. 학교를 졸업하고 귀국했어도 일본에서 지진이나 태풍 같은 재해가 일어날 때마다 걱정이 돼서 연락하는 학생들도 있을 정도라고 했다. "한·일 관계가 나빠졌다고 개인과 개인의 관계까지 바뀌는 것은 아니라는 믿음도 생겼다. 오히려 이런 상황에도 일본에 와주는 K팝 가수들을 응원하고 싶어 시간만 있으면 공연장에 간다. 일본에서 공연하는데 관객이 없어 실망하는 일이 없었으면 좋겠다"는 것이 그녀의 말이었다. 그녀는 현재 오사카에 있는 호텔에서 근무하고 있다. 여름에 급감했던 한국 여행객들이 요즘은 조금씩 다시 오고 있다고 했다. "극적으로 한·일 관계가 좋아질 일은 없어 보이지만, 조금씩 민간 차원에서 좋아지지 않을까 생각합니다."

그녀의 말이 실현되기를 간절히 바라고 있다.

그날의 아픔,
영화로 치유하다

2011년 3월 11일, 그날 나는 일본 도야마현에서 뉴질랜드 지진 피해 유족들을 취재하고 있었다. 2월에 일어난 지진으로 피해가 가장 컸던 크라이스트처치에서 어학연수 중이던 도야마외국어전문학교 학생 12명이 사망했다. 당시 일본에서는 가장 큰 뉴스였다. 전국에서 도야마로 몰려든 기자들은 유족들 취재에 열띤 경쟁을 벌였다. 유족들은 계속되는 취재에 지칠 대로 지쳐 있었다. 유족이 사는 집의 초인종에 '누르지 마세요'라는 메모가 붙어 있을 정도였다. 어떻게 하면 만날 수 있을까 고민하며 편지를 우편함에 넣어 봐도, 다음 날 우편함 옆에 '편지도 넣지 마세요'라는 메모가 붙어 있기 일쑤였다.

내가 당사자라 하더라도 역시 기자들의 취재 요청은 달갑지 않을 거란 생각이 들었다. 모순에 직면해야 하는 유족 취재는 정신적으로 아주 힘든 일이었다.

그런 와중에 동일본 대지진이 일어났다. 지진 발생 시 나는 차를 운전하고 있었다. 차가 흔들린 것을 느꼈지만 바람 때문인 줄 알았다. 선배 기자의 전화를 받고서야 대지진이 일어난 것을 알게 됐다. 선배 목소리만으로도 피해가 심각하다는 것을 알 수 있었다. 바로 아사히신문 도야마지국으로 돌아갔다. TV로 쓰나미 영상을 눈으로 보면서도 그것이 현실이라고 믿을 수가 없었다. 그날 밤에는 긴급 지진 속보를 알리는 문자로 핸드폰이 계속 울렸다. 제대로 잠도 자지 못한 채 날이 밝았고, 동일본 대지진 현장으로 가라는 지시를 받았다. 여진이 계속되고 있어 너무 무서웠다. 기자를 그만둘 각오로 못 가겠다고 했다.

여러 가지 사정으로 신문사를 그만두지 못한 채 무거운 마음으로 1년을 보냈다. 그러다 동일본 대지진이 일어난 후쿠시마현에 10일 동안 출장 갈 기회가 생겼다. 집이 쓰나미로 없어진 사람들이 사는 가설 주택을 찾아 주민들의 이야기를 들었다. 뉴질랜드 지진 유족 취재처럼 거절당할 것을 예상하고 갔지만, 많은 사람들이 집에 들어오라고 하고는 몇 시간씩 이야기를 들려줬다. 주변에 사망한 사람들이 많아 살아남은 자신들의 이야기는 미안해서 그동안 못 했다고 했다. 사실 집이 갑자기 없어진 일도 엄청나게 큰일인데, 1만 5천 명이 사망한 큰 피해 앞에서 말도 못 하고 있었던 것이다. 1년 동안 침묵했다가 취재하러 온 기자에게는 마음 놓고 이야기할 수 있는 듯했다. 후쿠시마는 원전 사고가 일어난 곳이다. 방사능이 무서워서 출장 가기 전에는 음식도 조심해서 먹어야겠다는 생각이었지만, 손수 밥을 차려 "먹고 가"라고 친절하게 권하는 사람들을 보며 안 먹을 수가 없었다.

어부들 중에는 지진 직후 일부러 배를 타고 바다로 나간 사람들이 많았다. 쓰나미가 올 것을 예상하고 배를 지키기 위해서였다. 어부에게 가장 큰 재산은 배다. 그렇게 높은 쓰나미를 바다 위에서 겪으며 배를 지켰음에도 불구하고 원전 사고 때문에 해산물을 판매할 수가 없게 됐다. 어부들은 어떻게 시간을 보내야 할지 모르는 채 1년을 지내고 있었다. 그들이 잃은 건 직업이 아니라 인생 그 자체인 것처럼 보였다.

동일본 대지진이 발생한 지 8년이 지난 2019년 피해 지역 사람들의 삶을 담은 다큐멘터리 영화 〈봄은 온다〉가 한국에서 개봉됐다. 재일코리안 윤미아 감독의 작품으로 개봉을 앞두고 감독이 홍보하러 한국을 방문했다. 윤 감독은 "한국에서 홍보하는 데 어려움을 겪고 있다"며 "한국에서 후쿠시마의 이미지가 안 좋기 때문"이라고 했다. 감독 데뷔작이 자신의 뿌리가 있는 한국에서 개봉된다고 좋아하면서도 표정은 슬퍼 보였다. 후쿠시마산 농수산물을 피하는 것은 개인의 자유지만 '후쿠시마=원전 사고'의 이미지로만 보는 것은 슬픈 일이다. 거기에 사는 사람들이 조금씩 나아가려고 노력하는 모습을 전달하고 싶은 것이 감독의 마음이었으리라.

영화 속에는 다양한 사람들이 등장하는데 그중 한 부부는 14대째 가업을 이어온 농부다. 원전에서 가까운 곳에 사는 그들은 피난 지시를 받았지만 이에 따르지 않고 쌀농사를 계속 짓고 있다. 방사능 검사 결과 그들이 생산한 쌀은 먹어도 되는 수치였지만 법으로는 판매가 금지돼 있다. 그들은 "쌀한테 미안하다"며 "농사를 짓는 것밖에 모른다. 당연한 일을 계속하는 것뿐"이라고 말했다. 대지진 후의 삶은 다양했다. 고향을 떠난 것에 대해 죄책감을 느끼는 피난민들도 있었다. 그런 모든 삶을 긍정하고 싶다는 생각을 하게 만드는 영화였다.

2014년 4월 16일, 그날 나는 스마트폰으로 "한국에서 수학여행 중인 학생들이 탄 배가 침몰하는 사고가 일어났지만 승객은 구조됐다"는 뉴스를 보면서 출근했다. 오사카 본사에 도착해서 TV를 보는데 옆 자리 선배 기자가 "구조됐다고 하는데 구조정이 안 보이는 건 왜일까?"라며 고개를 갸우뚱거렸다. 그러고 보니 이상했다. 하지만 안에 승객들이 남아 있을 거라고는 상상도 못했다. 그날 오후 데스크로부터 "승객들이 배 안에 많이 남아 있는 것 같다. 출장을 가야 될 수도 있으니 마음의 준비를 하라"는 지시를 받았다. 정식으로 출장 지시가 나온 건 밤 11시였다. 서둘러 비행기를 예약하고 자는 둥 마는 둥 잠을 설치다가 다음 날 아침 비행기를 탔다.

뉴질랜드 지진 피해 유족 취재와는 차원이 다른 힘든 취재였다. 사고 발생 시부터 정부 발표는 물론 언론 보도도 엇갈려서, 배에 남은 가족을 기다리는 사람들은 기자들에게 예민한 상태였다. 말을 걸기도 어려운 상황에서 제대로 이야기를 듣는 것은 불가능했다. 가족들이 기다리는 체육관에서는 가끔 비명과도 같은 소리가 들려왔다. 바로 가족의 사망이 확인되는 순간이었다. 구조 소식을 기다렸지만 사망 확인만 계속 늘어났다.

취재 환경도 열악했다. 노트북으로 기사를 써야 되는데 팽목항에는 전원이 없었다. 자원 봉사로 온 민간 다이버들의 텐트에 들어가서 전원을 빌리곤 했다. 그렇게 매일 거기서 지내다가 구조하러 온 다이버들이 바다에 못 들어가고 있다는 사실을 알았다. 매일같이 해양경찰청과 상의했지만 실제로 바다에 들어가는 다이버는 거의 없었다. 휴가를 내고 달려온 다이버들은 세월호가 침몰한 바다를 보면서 억울하다며 울기도 했다. 대부분의 한국 언론들은 대대적으로 수색 작업이 진행되고 있다고 보도하고 있었지만, 나는 직접 보고 들은 민간 다이버들의 상황을 아사히신문 도쿄 본사에 보고했다. 그런데 한국 정부의 발표와 달라서 그런지 신문에 기사가 실리지 않았다.

구조된 사람들이 실려 간 목포의 한 병원에도 가봤다. 거기서 한 직원이 나에게 말을 걸어왔다. 그는 "사실 세월호 선장이 찍힌 영상이 있다"고 말했다. 사고 직후 선장이 팽목항 응급진료소에 있는 영상인데 아직 공개되지 않은 것이었다. 바로 서울지국에 전화해서 입수하기로 했지만 그 사이에 병원 내부에서 들킨 모양이었다. 일본 신문사에만 제공하는 것이 문제가 될 거라는 판단에서인지 병원에 와 있던 모든 기자들에게 동시에 제공됐다. 왜 그때까지 선장의 영상이 있다는 것을 밝히지 않았는지도 궁금했지만, 직원이 몰래 외국 기자한테만 알리려 한 것도 의아했다.

이해할 수 없는 것들이 너무나 많았고 뭘 믿고 보도해야 하는지 혼란스러운 현장이었다. 일주일의 취재를 마치고 몸도 마음도 지친 상태로 일본으로 돌아갔다. 눈물도 나오지 않는 나 자신이 놀라웠다. 그런데 1년이 지난 후 지인에게 세월호 이야기를 하다가 갑자기 눈물이 쏟아져 한참을 울었다. 그때서야 눈물도 안 날 정도로 충격이 컸다는 것을 겨우 알았다. 울고 나니까 조금 마음이 가벼워진 느낌이었다. 사람마다 이야기하고 싶은 타이밍, 울고 싶은 타이밍이 따로 있다는 것을 그때 알았다.

영화를 보고 실컷 우는 것도 치유가 될 수 있다는 것을 느낀 건 〈생일〉이라는 영화를 시사회에서 봤을 때였다. 세월호 사고로 고등학생 아들을 잃은 가족의 이야기였다. 아들의 생일을 아들 친구들과 함께 보내고 싶은 남편(설경구)과 아들의 죽음을 받아들이지 못하고 생일 모임을 거부하는 아내(전도연), 그리고 그런 부모의 눈치를 보며 오빠를 그리워하는 여동생(김보민)의 이야기였다. 극영화인데 다큐멘터리를 보는 것 같았다. '그럴 수 있겠다'고 느끼는 장면들이 많았던 것이다. 그것은 배우들의 진정성 있는 연기 덕분이기도 하지만, 무엇보다 이종언 감독이 오랜 기간 자원 봉사를 하며 유족들과 만나 직접 보고 들은 이야기가 많아서 그럴 것이다.

나는 몇 년 전 현장에서 듣지 못했던 유족들의 마음속 이야기를 이제야 제대로 듣는 것 같았다. 당사자뿐만이 아니라 그날 그 사고를 바라봤던 많은 사람들은 그날의 상처를 절대 잊을 수 없을 것이다. 다만 상처를 치유하는 타이밍만큼은 사람마다 다를 거라는 생각이 든다. 한국과 일본, 두 나라의 가슴 아픈 사고로 상처받은 이들이 모두 각자의 타이밍으로 마음속 상처를 치유할 수 있길 바란다.

어디에 있든 나는 나답게

1판 1쇄 인쇄 | 2020년 8월 20일
1판 1쇄 발행 | 2020년 8월 27일

지은이 | 나리카와 아야
펴낸이 | 김병우
펴낸곳 | 생각의창
주소 | 서울 서대문구 거북골로 120, 204-1202
등록 | 2020년 4월 1일 제2020-000044호

전화 | 031)947-8505
팩스 | 031)947-8506
이메일 | saengchang@naver.com
블로그 | https://blog.naver.com/saengchang

ISBN 979-11-970172-1-6 (03810)

ⓒ 2020 나리카와 아야

이 도서의 국립중앙도서관 출판예정도서목록(CIP)은 서지정보유통지원시스템 홈페이지(http://seoji.nl.go.kr)와 국가자료종합목록 구축시스템(http://kolis-net.nl.go.kr)에서 이용하실 수 있습니다. (CIP제어번호 : CIP2020031767)

- 잘못 만들어진 책은 구입하신 서점에서 바꾸어드립니다.
- 책값은 표지 뒷면에 표시되어 있습니다.
- 이 책은 저작권법에 의해 보호를 받는 저작물이므로 무단 전재와 복제를 금합니다.